CAPÍTULOS DE UN LIBRO

SENTIDOS Y PENSADOS

VIAJANDO POR LAS PROVINCIAS VASCONGADAS

SU AUTOR

D. ANTONIO DE TRUEBA

archivero y cronista del Señorío de Vizcaya.

———

MADRID

—

CENTRO GENERAL DE ADMINISTRACION

Calle del Clavel, núm. 11, segundo

1864.

CAPÍTULOS DE UN LIBRO.

———

MADRID, IMP. DE T. FORTANET, LIBERTAD, 29.

CUATRO PALABRAS Á UN MUERTO.

A D. CÁNDIDO GONZALEZ DE MENDIA.

¡Bienaventurados, querido Cándido, los que creemos que sólo muere esta porcion de deleznable materia que llamamos cuerpo, porque tenemos el dulcísimo privilegio de no perder nunca las personas amadas! Porque sé que tú perteneces al número de los que llama muertos el mundo, llamo á estos renglones «Cuatro palabras á un muerto»; pero porque sé que no has muerto, que vive la parte más noble de tu sér, que me ves y me oyes y me amas, te escribo estos renglones.

Hace algunos años nos encontramos en Madrid. Ambos amábamos á nuestra noble madre Vizcaya, ambos ambicionábamos gloria para que se reflejase en ella, y esto bastó para que nos amásemos como hermanos. Tú eras sabio y yo era ignorante; pero la modestia no te dejaba ver tu sabiduría, y la bondad no te dejaba ver mi ignorancia. ¡Oh qué hermosa es esta jornada de la vida cuando, como á mí me sucede en estos valles nativos, á cada instante encuentra uno pasajeros que le digan «adios, hermano!» y le alarguen una mano tan honrada y cariñosa como la tuya!

Tornaste á Vizcaya, y tu noble villa natal, Valmaseda, te eligió para representarla só el árbol de las libertades vizcainas. En aquel sagrado lugar, pensabas tristemente en mi destierro, cuando tu entusiasta corazon se estremeció de júbilo porque de todos los pueblos del noble Señorío llegaban allí millares de voces pidiendo que Vizcaya me llamase á su seno. Uniendo tu elocuente voz á aquellas generosas voces, me atribuiste virtudes y talento que no tengo, pero en que tú sinceramente creias, y Vizcaya, inspirada por tu elocuencia y por su natural generosidad, me gritó:—Hijo, torna á mi seno, y en cambio de mi amor, canta mi gloria!

Cuando llorando de gratitud y alegría torné á los valles nativos y corrí á estrecharte en mis brazos, te encontré moribundo, y se cerraron para siempre tus ojos apenas volvieron á verme!

Recorriendo los valles y las montañas de esta noble tierra donde espero dormir á tu lado el sueño eterno; estudiando la gloriosa historia, las honradas costumbres y las singulares tradiciones de la tierra solariega para cantarlas, si no con la voz del genio, con la voz del corazon; á la par que me dedicaba á estas gratas tareas pensando lleno de gratitud en Dios y en tí y en los que como tú se acordaron de que mi alma estaba triste en el destierro, he compuesto este humilde libro que consagra á tu dulcísima y perpétua memoria

ANTONIO DE TRUEBA.

Bilbao, Octubre de 1864.

CALOR DE LOS CORAZONES.

Allá donde termina la dilatada llanura, sembrada de blancas caserías, que contemplo desde mi ventana, hay un verde y profundo valle. Por el fondo de aquel valle baja un rio hácia la llanura y por la márgen de aquel rio sube un camino hácia mi aldea.

Junto á mi casa hay otra, abrigada con ricas alfombras y encendidas estufas y diáfanos cristales, á cuya ventana se asoma con frecuencia un hermoso niño, que mientras yo dirijo la vista hácia las llanuras del Ocaso, dirige la suya hácia las montañas del Oriente.

Hace dos dias que no he visto á aquel niño asomado á la ventana; pero en cambio veo que se asoma su madre contenta y hermosa, y le pregunto:

—¿Dónde está el niño, que no se asoma á la ventana hace dos dias?

—Se nos ha escapado á la aldea, me contesta.

Y la vecina se retira de su ventana, y yo sigo asomado á la mia mirando á la llanura y pensando en el niño con los ojos poco menos que arrasados en lágrimas, porque la fuga de aquel niño es para enternecer corazones más duros que el que Dios me ha dado.

Tras de las montañas hácia donde el niño suele dirigir la vista desde su ventana, hay una pobre aldea escondida, como la mia, entre castaños y nogales.

Apenas nació el niño, su madre, temerosa de ajar su propia hermosura si alimentaba á sus pechos al concebido en sus entrañas, se le entregó á una pobre aldeana para que le alimentase á los suyos por un mezquino salario.

Y el niño, que habia nacido en una casa abrigada con ricas alfombras y encendidas estufas y diáfanos cristales, fué á vivir en una pobre casa de aldea, donde penetraban por todas partes el viento y la lluvia.

La pobre aldeana, así que tocaron su seno los labios de aquel ángel, le dió el dulce nombre de hijo, y sonrió de santa alegría cuando vió que el niño crecia y tomaba el color de la rosa al calor de su seno, y se estremeció de gozo y amor cuando oyó que el niño arrojado del regazo materno le daba el dulce nombre de madre.

El niño fué creciendo hermoso y feliz á la sombra
de los castaños y los nogales de la aldea, donde habia un hombre y una mujer que le llamaban hijo, y
unos niños que le llamaban hermano, y unos corazones que se entristecian cuando él estaba triste y se
alegraban cuando él estaba alegre.

Y la pobre aldeana, aunque con grandes penas
adquiria el pan para su familia, no se atrevia ya á
venir á la villa á recibir un puñado de duros de la
rica y hermosa señora que vive junto á mi casa,
porque temia volver llorando á la aldea con la noticia de que le iban á quitar su hijo.

Y cuando en las melancólicas tardes de otoño ella
y su hijo adoptivo trepaban á la montaña á recoger
el fruto de los castaños, y allá abajo, allá abajo, en
el fondo del valle, veian las torres de la opulenta villa,
el hijo y la madre se miraban llorando y se abra-
zaban.

Y al fin, á la pobre aldeana la quitaron el hijo,
por mas que ella y su marido y sus hijos lloraron y
pidieron de rodillas á la rica señora que vive junto á
mi casa que tuviese misericordia de ellos y no llenase
de desconsuelo su hogar.

En una pobre aldea, escondida, como la mia, entre
castaños y nogales, hay un hogar donde una mujer
y un hombre y unos niños hablan á todas horas, con
lágrimas en los ojos, de un niño ausente, y se aso-

man á la ventana á ver si le ven venir, y cuando le
ven llegar por la arboleda lanzan un grito de alegría
y corren á su encuentro, y le besan, y le abrazan,
y la pobre mujer llora y le llama hijo de su alma,
y le enjuga con el delantal el sudor de la frente, y
mira si trae los piés mojados, y le abotona la cha-
quetilla para que no se quede frio, y echa leña en
el hogar para que se caliente, y le hace de meren-
dar suponiendo que llegará muerto de hambre.

Y cuando preguntan al niño por qué le gusta más
que la casa de la villa la casa de la aldea, contesta:

—Porque en la villa tengo mucho frio.

¡Ay calorcito de los corazones, cuánto más vales
que el de las alfombras y las estufas!

CAMINO DE LA ALDEA.

Me complazco en mirar desde mi ventana las montañas de Occidente.

Mi pensamiento va más allá que mis ojos: va por un hondo valle que está al fin de la llanura, y llega á una aldea que está al fin del valle. Allí se detiene gritándome:

—Ven, ven, que unos corazones de oro te esperan en estas pobres casas donde por todas partes penetran el viento y la lluvia.

El cielo está sereno y las gentes que pasan por bajo de mi ventana dicen:

—¡Qué tiempo tan templado tenemos!

Pero yo siento *como frio* y me decido á dar un paseo para entrar en calor.

¿Por qué siento frio en mi casa si todos dicen que la temperatura es templada y mi casa está abrigada con cristales y alfombras y estufas? Sea por lo que sea, es lo cierto que yo siento *como frio*.....

Al salir á la calle, no alzo la vista al balcon porque esta tarde un ángel de tres años no saca la manita por entre los balaustres para despedirme.

Andando, andando sin pensar que me alejo mucho de la villa, llego al fin de la llanura del Ocaso.

El viento de la tarde trae por el valle abajo vagos rumores. No sé si son toque de campanas, ó voces de aldeanos, ó cantares de carboneros, ó sonido de esquilas, ó ruido de tolvas de molino, ó canto de carros (1), ó ladridos de perros, ó balidos de ovejas, pero sé que muchas veces oí esos vagos rumores en los serenos tiempos de mi infancia.

Y me paro un momento á pensar si seguiré por el valle arriba ó volveré á cruzar la llanura caminando hácia el Oriente; pero me digo mirando hácia la lejana villa:

—No importa que mi hogar esté esta noche más solitario aún que la pasada, que en él nadie piensa en mí, y si torno á buscarle no he de oir, al acercarme á él, la vocecita del ángel de tres años que otras noches me llamaba desde el balcon donde esperaba mi vuelta (2).

(1) Llámase canto al agudo chirrido de las carretas del país, que se oye á grandes distancias.
(2) Como se desprende de su contexto, este capítulo se escribió en efecto hallándose ausente la familia del autor.

Y tomo por el valle arriba cuando los últimos rayos del sol alegran tristemente las cimas de los montes.

No hay para mí camino triste ni penoso, llámese camino de la aldea ó camino de la vida: al fin del primero está el hogar de mi infancia; al fin del segundo está el cielo, y al fin de los dos, me esperan amigos muy queridos!

¡Qué importa, Señor, que me hayas dado corazon para sentir si me has dado fe para esperar!

Sigo por el valle arriba y á cada paso encuentro rostros que me sonrien y voces que pronuncian cariñosamente mi nombre. ¡Qué dulce es vivir en la patria! Todos estos valles y estas montañas me parecen el hogar de mis padres que se ha ido ensanchando, ensanchando..... y todas estas gentes me parecen mis hermanos que se han ido multiplicando, multiplicando.....

¡Madrid! veinticinco años he sido en tí forastero. El último dia que crucé tus calles nadie me sonrió. Si, lo que Dios no quiera, necesito alguna vez andar por donde nadie me conozca, ¡con qué placer volveré á cruzarlas!

Ese aldeano que guia una pareja de bueyes dirigiéndose hácia mi aldea, me convida afectuosamente á hacer el resto de mi jornada en su carro. ¿Qué títulos tengo á su benevolencia? Oigámosle, que él mismo nos lo va á decir:

—¿ Con que se va á dar una vuelteeita por la aldea, eh? Por lo visto, usted no la ha perdido la ley. Caramba, vale más eso en un hombre que los tesoros del mundo. Bajo aquellos fresnos que hay detrás de la iglesia tiene usted enterrada á su madre como yo á la mia. ¡Buen par de bribones estariamos los dos si olvidásemos eso!....

El carretero no tiene buenas explicaderas, pero tiene buen corazon. Envidiadle, Demóstenes y Cicerones¡!

Una muchacha de sonrosadas mejillas y largas trenzas de pelo, viene sentada sobre el saco de harina que conduce su borriquillo, y se detiene á saludarme y ofrecerme un racimo de uvas de las que lleva en el delantal. ¿Por qué tan obsequiosa conmigo? Tambien ella nos lo dirá:

—Ande usted, tome usted un racimito, siquiera por los atracones de fruta que me tengo dados en su huerta..... Cuando yo era niña, nunca iba allá por el zarron (1) sin que su madre de usted, que esté en gloria, me mandase subir á los frutales.

Y tomo el racimo, porque me parece que muchos años há me autorizó mi madre á tomarle.

Sigo mi camino, y un carbonero que parte leña

_____

(1) El zurron es la porcion de grano que se manda al molino para el gasto de la semana.

en la arboleda contigua sale á mi encuentro con el objeto de ofrecerme su pipa para que encienda el cigarro que llevo sin encender en la boca.

—Siento, le digo, que se moleste usted.....

—¡Qué molestia ni qué niño muerto! Uno es un pobre bolonio que no sabe tratar con los caballeros; pero qué demonche, usted disimulará, porque al fin nos hemos bautizado en una misma pila.

Mi mano estrecha la del carbonero á quien le apaga la pipa una lágrima.

El olor á tierra quemada que baja de las laderas del valle donde los labradores *cuecen* roturas y los carboneros *cuecen* carbon, es para mí delicioso, no sé si porque es olor de tierra quemada, ó porque es olor de la infancia.

El humo que desciende por las arboledas forma una blanca nubecilla sobre el rio que corre por el fondo del valle medio oculto por las enramadas que se tienden sobre él desde ambas orillas. La tarde es apacible y serena como mi corazon, donde á las tempestades de la adolescencia han sucedido las calmas de la edad viril.

Unas muchachas vendimian en una viña que se extiende por la linde de un castañar, á la parte arriba del camino, y unos muchachos *echan* castañas subidos en los castaños.

Muchachas y muchachos cantan y rien. ¡Ah! en

su corazon no rugen las tormentas que han rugido en el corazon de los que hemos pasado la juventud en las ciudades!

Oculto bajo una mata de *bortos* (1) que crece en la cárcaba de la viña, me paro á escuchar los cantares de vendimiadoras y echadores.

Un echador canta con fresco y sentido acento:

> Una heredad en un bosque,
> y una casa en la heredad,
> y en la casa pan y amor,
> ¡Jesús, qué felicidad!

Y á este canto responde inmediatamente este otro de una vendimiadora:

> Madre, quiero que me cases
> en los montes de Vizcaya,
> que en los montes está el cielo
> más cerca que en tierra llana.

Sin ser muy diestro en penetrar los misterios del corazon humano, penetro rápidamente lo que en aquel instante pasa en el corazon de la vendimiadora. ¿Qué poema de amor y felicidad ha soñado en un instante la inocente aldeana en el paraíso que acaba de mostrar á sus ojos el echador, cuando de repente invoca el nombre de su madre para pedir á esta que

---

(1) Madroños.

la case en los montes de Vizcaya? ¡ Ah ! si el pudor
la hubiese dispensado de hipérboles, el cantar de la
vendimiadora no hubiera sido aquel , no, que hubiera
sido este ú otro que dijese lo mismo:

> Madre , quiero que me cases
> en los montes de Vizcaya,
> porque en estos montes vive
> el que ha cantado esa *canta* !

Un jóven que lleva la chaqueta al hombro me alcanza mientras. yo escucho los cantares de vendimiadoras y echadores, y continuamos juntos el camino
comiendo cada cual un dorado racimo de uvas que
tomamos de los que, así que nos ven, se apresuran á
ofrecernos las vendimiadoras, para las cuales no soy
yo persona extraña, pues me encuentro con que las
que no son sobrinas mias, son hijas de los compañeros de mi infancia.

El muchacho de la chaqueta al hombro es de mi
aldea donde se ha casado hace algunos meses.

—¿Vienes de Bilbao? le pregunto.

—No, señor. Estoy trabajando en la ferrería del
Desierto, (1) y como en toda la semana no veo á

---

(1) Esta ferrería, propia de los señores Ibarra y compañía,
es uno de los primeros establecimientos fabriles de España, como
que en ella arden constantemente veintiseis hornos de diferentes
clases. Está situada á la orilla izquierda del Ibaizabal, una legua más abajo de Bilbao, y á su sombra ha surgido en pocos
años una importante poblacion habitada casi en su totalidad por
las numerosas familias que se ocupan en el magnífico estableci-
miento creado por los señores Ibarra.

2

aquella pobre, todos los sábados, como hoy, vengo para pasar el domingo en la aldea.

—Pero cuando hace mal tiempo ¿no vendrás?

—Aunque caigan rayos y centellas. Ya ve usted, aquella pobre está toda la semana soñando con mi venida.

—Y á tí te sucederá lo mismo ¿no es verdad?

—Pues es claro. Pensando en lo que aquella pobre se va á alegrar al verme llegar el sábado, me paso la semana sin sentir y maldito lo que me cansa el trabajo.

—Pues tu mujer no se acordará menos de tí.

—Aquella pobre todo el dia está hablando de mí en casa. No, si fuera cierto que le cantan á uno los oidos cuando alguno se acuerda de nosotros.....

—Entonces no traerian ahora mala música los tuyos.

—De seguro. Y tambien los de usted.

Ambos guardamos silencio pensando en los que piensan en nosotros.

— ¡Qué delicioso, digo yo, es caminar á estas horas, en una de estas hermosas tardes de otoño, por un vallecito como este!

—Y mas cuando sabemos que donde acaba el valle empieza nuestra aldea, y donde empieza nuestra aldea salen á encontrarnos los que nos quieren, como sale todas las noches aquella pobre.....

Hablando, hablando, llegamos ya al término del

valle que desemboca en la hermosa llanurita donde se extiende nuestra aldea.

Subimos una cuestecilla que termina en una colina cubierta de árboles desde donde se ve la aldea cuyas primeras casas están á medio tiro de bala, y nos paramos al pié de un árbol.

La vida de los campos se va reconcentrando en los hogares que llaman cariñosamente á su seno á los moradores de la aldea. Ya de cada hogar se alza una blanca nubecilla de humo, porque en cada hogar hay una madre de familia que aviva el fuego y prepara la cena para que encuentren calor y alimento su marido y sus hijos. Y aquella nubecilla regocija y enternece á los que desde lejos la contemplan, porque les dice que allí hay alguien que piensa en ellos.

La vida del hogar es vida de descanso y amor. Porque se acerca el instante de tornar á ella, se alegran los moradores de la aldea. Prorumpen en gritos de alegría los niños que bajan del monte ó vienen de los campos conduciendo el ganado á los establos; cantan las muchachas que con la herrada en la cabeza vienen de la fuente del castañar, y rien y charlan alegremente los jóvenes y los viejos que con la pipa en la boca y las layas ó la azada al hombro, vienen por las estradas ó á través de las heredades.

Las campanas de la aldea tocan á la oracion y de repente todo calla, gritos, cantares, risas y conversaciones, porque los pensamientos se apartan de la tierra para remontarse al cielo.

Mi compañero y yo callámos tambien y descubrimos la cabeza y rezamos las Ave-Marías.

Yo,·que á pesar de los pesares tengo mis resabios de cortesano, no rezo con tanta devocion como el jóven de la chaqueta al hombro, porque en vez de pensar sólo en Dios como mi compañero, pienso en Dios y en la devocion con que más de cuatro amigos mios rezarian sintiendo lo que nosotros sentimos.

Al continuar nuestro camino, vemos que una porcion de personas salen á nuestro encuentro.

—Apuesto, dice mi compañero, que viene ahí aquella pobre.

Y al verle apretar el paso, le aprieto tambien, y un instante despues nos reunimos con los que salen á encontrarnos.

Angel mio de tres años, no estás tú entre los que salen á encontrarme; pero si alguna vez he podido creer compensada tu ausencia, esa vez es esta noche.

—Hijo, ponte esa chaqueta, que se ha levantado un aire muy frio, dice su mujer á mi compañero.

—¡Qué ha de hacer frio! replica el muchacho. ¿No es verdad, D. Antonio, que hace calor?

—¡Vaya si le hace! contesto. Lo que es yo cuando

salí de casa tenia *como frio*, pero ahora estoy su-
dando.

. . . .

Vidrieros y tapiceros y estufistas, eh, largo de
mi casa con vuestras invenciones que nos calientan
por fuera y nos dejan helar por dentro!

RECUERDOS DE GARIBAY.

I.

Al vagar por el señorío de Vizcaya, no son sólo recuerdos de laboriosos y sencillos labradores, de honrados comerciantes, de intrépidos é inteligentes marinos, de enconados banderizos, de valerosos soldados, de sabios naturalistas, de generosos patricios y de santos siervos de Dios, los que acuden á la mente del viajero que, como yo, busca la dulce poesía de los recuerdos: el recuerdo de cronistas y poetas viene tambien aquí á deleitar su alma.

Deleitemos la nuestra con alguno de estos recuerdos, y sea el del ilustre vascongado Estéban de Garibay y Zamalloa, príncipe de los cronistas españoles; espejo de caballeros, ejemplo de ciudadanos y modelo de padres de familia.

Allá por los años de 1540 á 1545 un noble y rico caballero de Mondragon, villa de la provincia de Guipúzcoa, llamado Estéban de Zamalloa y Garibay, salia todas las mañanas temprano de su casa acompañado de sus hijos Estéban y Juan, nacidos el primero el domingo 9 de Marzo de 1533 y el segundo por Abril de 1534, y se dirigia á la iglesia de San Juan Bautista, donde oia devotamente una misa teniendo á los niños arrodillados delante de él. Terminada la misa, los niños volvian á casa, tambien acompañados de su padre, les daba de almorzar su madre doña Catalina de Sagurdia y en seguida se iban á la escuela.

Esta escuela era primero la de Martin de Albistur, y despues la de Martin de Arriola. La primera á que asistió Estéban fué la de Martin Perez de Bidazabal, que era ya muy anciano y murió al mes de contar entre sus discípulos al futuro cronista.

Estéban era ya tan aficionado á saber, que molia continuamente á su padre con preguntas que muchas veces el buen caballero no sabia contestar y eludia diciendo al niño:

—Tanto puede preguntar el ignorante al sabio, que el sabio no pueda responder al ignorante.

A pesar de que estas palabras parecen indicar todo

lo contrario, el bondadoso padre, lejos de tenerse por sabio, reconocia su ignorancia y tenia grandes deseos de que sus hijos supiesen más que él.

Queriendo que Estéban estudiase el derecho canónico y civil, le envió á la universidad de Oñate, que acababa de fundarse, y donde tuvo por maestros al bachiller Berganzo y al licenciado Llorente. Tenia Estéban aficion al estudio de leyes y ya sus padres estaban conformes en que siguiese esta carrera, cuando Jorge Martinez de Urrupayn, tio del niño, cogió un dia por su cuenta al padre del estudiante y logró convencerle de que la facultad á que queria dedicar á su hijo era muy peligrosa para el alma.

Doña Catalina, no menos piadosa y amante de su hijo que su marido, se dejó támbien convencer de lo mismo, y el estudiante se trasladó á Castilla donde pasó medio año haciendo vida bastante alegre miéntras su familia acordaba definitivamente la carrera que habia de seguir.

Amaba á Estéban su madre con tal pasion, que solian decirle sus vecinas:

—Si Estebanico se viera en cautividad, enviáredes allá á todos por librarle de ella.

Hallándose Estéban en Toledo, cayó gravísimamente enfermo, y esta triste noticia llenó de consternacion á sus padres.

La pena de doña Catalina fué tan grande, que aquella piadosa señora fué á piés descalzos desde Mondragon á Nuestra Señora de Aránzazu que está cuatro leguas, á pedir á la Madre de Dios que devolviese la salud á su hijo.

No fueron estériles las súplicas y las lágrimas de doña Catalina, pues su hijo recobró muy pronto la salud.

No debia el estudiante traer vida tan arreglada como deseaba su padre, pues este rogó al que hoy veneramos en los altares con el nombre de San Francisco de Borja, que escribiese á su hijo dándole los consejos que eran de esperar de aquel venerable siervo de Dios.

En efecto, fray Francisco de Borja, en otro tiempo duque de Gandía y marqués de Lombay, le escribió desde Búrgos el 30 de Abril de 1553 una carta en que le llamaba su muy amado en Cristo, y empezaba: Muchos dias há que el señor Estéban, vuestro padre, me pidió que escribiese esta letra, y segun lo mucho que debo á su caridad, he tardado en hacerlo, así por mis cuartanas como por otras ocupaciones. Y aunque agora no falten, no dejaré de decir que doy gracias á Dios por los buenos deseos que pone en vuestro corazon.»

Estéban agradeció mucho la carta de tan santo varon, á quien contestó confesándose indigno de tal

honra, y se dedicó á la lectura de historias de España
y fuera de ella, á que era en extremo aficionado,
tanto que dejando todo otro estudio, determinó consagrarse definitivamente á este dificilísimo ramo de
las letras.

Durante la ausencia de Estéban, sus padres casaron á las hermanas del futuro cronista, y queriendo
que éste abrazase tambien el estado conyugal, le lla-
maron á Mondragon en 1554.

Era regidor á la sazon el señor Estéban de Zamalloa. Aquel año fué el invierno templadísimo y la
cosecha de sidra muy grande. En cuanto al verano,
fué tan fresco, que algunos dias caniculares comia la
gente á orilla del hogar.

Estéban gastaba trajes lindísimos, porque sus padres tenian gusto en que en esto aventajase á todos
los mancebos del pueblo. En sus estudios y en alegrar á Mondragon con algunas fiestas gastó aquel
año y el siguiente, y un domingo, primero de Febrero de 1556, por la tarde, se casó á los veintitres
años de edad con doña Catalina Asurduy, doncella
muy virtuosa, hija de Martin de Asurduy que habia
muerto en las Indias, y de doña Mari Fernandez de
Gamboa, hermana del arcipreste y vicario de Mondragon Pero Ibañez de Gamboa.

Desde que Estéban comenzó á tener alguna inteligencia, en las historias y antigüedades del mundo,

y muy particularmente en las de España, se lamentó de que esta careciese de una Historia general y al fin se determinó á trabajar sin descanso para llenar este vacío. El año de 1556 empezó á escribirla y la terminó en 1566 despues de muchos viajes y trabajos para reunir los materiales para obra tan magna.

Entre los viajes del historiador se cuentan uno á Portugal, dos á los monasterios de la Rioja y Castilla y dos á Navarra.

Dice el mismo Estéban de Garibay (pues este apellido adoptó el cronista) que la parte de su historia referente á Navarra le costó tanto como el resto de su obra, y á pesar de eso nada se lo agradecieron los naturales de aquel país.

Estéban se levantaba al amanecer y se ponia á estudiar y escribir hasta que tocaban á misa en la iglesia de San Juan Bautista. Iba á misa y volvia á trabajar hasta las doce. Comia á esta hora y tornaba á trabajar toda la tarde hasta el anochecer. Algunas tardes iba á verle el pagador Francisco de Bolivar, su pariente, y á la fuerza le hacia ir á dar un paseo con él por el campo, diciéndole que era necedad atarearse tanto, pues si seguia así antes concluiria su vida que la obra.

«Despues de haber cenado algo (dice el mismo historiador en sus *Memorias*) tornaba á los estudios y en los inviernos jamás me acosté hasta despues de media noche, y no raras veces me sucedió contar las dos de la mañana sin entrar en el primer sueño, porque segundo nunca le hice ni despues le hago jamás, mediante aquel hábito largo. En la cama tenia siempre libros en la cabecera y papel, tinta, pluma y luz todas las noches para apuntar las cosas que me ocurrian á la memoria porque no se olvidasen unas por otras.»

La obra en que Garibay habia empleado diez años de su vida se titulaba *Compendio historial de las crónicas y universal historia de todos los reinos de España,* y el sumario de las cosas mas notables de la misma, que puso el autor en la página segunda de la primera edicion, especifica sus divisiones en estos términos.

«En los ocho primeros libros se escriben las cosas más notables de España desde la creacion del mundo hasta la fin de la historia de los reyes godos, de donde se continúan distintas las historias siguientes:

Historia de los reyes de Oviedo y de Leon.

Historia de los condes y reyes de Castilla.

Historia de los reyes de Navarra.

Historia de los reyes de Aragon y condes de Barcelona.

Historia de los reyes de Portugal.

Historia de los reyes moros de Granada, que es fin de toda la obra.»

Esta se divide en cuarenta libros y la dedica su autor al arzobispo de Sevilla D. Cristóbal de Rojas y Sandoval, quien probablemente contribuyó al coste de la magnífica edicion que se hizo en Amberes. Cierto que en la portada se dice qué la impresion se hizo á costa del autor, pero aunque el patrimonio de este fuese bueno, no hubiera bastado sin gran quebranto á sufragar los gastos de una edicion tan costosa.

Cuando Garibay fué á Sevilla á presentar la obra al arzobispo, este tuvo gran empeño en que se imprimiera allí, á cuyo efecto le dijo que él se encargaria de buscar buen papel y buen impresor, pero Garibay que tenia ya autorizacion para imprimirla en el extranjero, insistió en que se habia de imprimir en Amberes y su voluntad se cumplió.

Tornó el autor á Mondragon y se dispuso á emprender el viaje á Amberes, para lo cual hasta tuvo cuidado de otorgar testamento, porque el viaje era muy peligroso, ardiendo, como ardian á la sazon, los países que iba á recorrer, en guerras religiosas.

Aconsejóle su familia que dejase en casa una copia de la obra, porque en el viaje pudiera perder el original y malograrse así el fruto de tantos años de trabajo; pero Garibay contestó que era operacion muy difícil y larga la de sacar copia de tan voluminoso manuscrito, y que fiaba en qué Dios protegeria una obra encaminada á su gloria y á la de la patria.

Entre las muchas amistades con que Garibay contaba, figuraba la de D. Juan Alonso de Múxica, señor de Aramayona y de las casas de Múxica y Butron, con cuyo caballero habia ido desde Aramayona á Búrgos cuando hizo el viaje á Madrid para solicitar la licencia de imprimir y el privilegio de vender la obra.

D. Juan Alonso era muy aficionado á los libros de historia y no lo era menos á la persona de Garibay, cuya vastísima erudicion, poquísimo comun á la edad de treinta y dos años, tenia en mucho aprecio. Este afamado y noble caballero que tenia casa y muchos deudos y amigos en Bilbao, se encargó de disponerlo todo para que Garibay hiciese su viaje por mar desde las aguas del Ibaizabal á las de Nantes.

Despues dé enviar por mar desde Bilbao y San Sebastian muchos libros y papeles de sus ordinarios estudios, que creia necesarios en Flandes, oyó misa muy de mañana en Mondragon el 25 de Abril de 1570 y tomó el camino de Bilbao á donde llegó el mismo dia por la tarde.

Ocupóse aquí los tres dias siguientes en los preparativos de su viaje y en despedirse de los muchos amigos que en Bilbao tenia, y el 29 muy de mañana se confesó y comulgó en la iglesia de padres Agustinos.

Aquel mismo dia, despues de comer, se embarcó en el Arenal en una chalupa, y tomó Ibaizabal abajo hasta Portugalete donde estaba anclada una nao bretona en que habia venido de Francia D. Juan de Mascarenhas, embajador del rey de Portugal don Sebastian.

Aquella misma noche se embarcó en la citada nao y con próspera navegacion llegó á Nantes el 6 de Mayo.

En Amberes encontró al doctor Benito Arias Montano, que por comision de S. M. asistia á la impresion de la Biblia real en las lenguas hebrea, caldea, siriaca, griega y latina, que se estaba haciendo en casa de Cristóbal Plantino, impresor del rey en aquellos Estados.

Concertado Garibay con el impresor Plantino, mediando en el trato el sabio Arias Montano, se empezó á imprimir su obra á principios de Agosto.

Es curiosísimo el relato que hace Garibay de la manera con que se hacia la impresion y de algunos incidentes ocurridos en aquel tiempo.

«Al principio, dice, se empezó á imprimir con una imprenta (prensa deberá entenderse) y despues con dos y despues con tres y últimamente con cuatro, como se hallaba concertado para su mas breve expedicion, y alguna vez trabajaron cinco y más con tal diligencia cuanta jamás se puso tal en ninguna obra de la lengua española, porque hubo dias en que se imprimieron más de diez mil pliegos de papel. Y porque los impresores flamencos cognocian mejor la letra francesa que la mia, tomé cuatro escribientes que un ejemplar trasladasen en la misma lengua española y en letra francesa por mas facilitar todo, porque la impresion salliese muy mejor á trueco de esta costa; y así por la letra francesa imprimieron y por mi original lo corrigieron dos correctores para esto diputados, los cuales hacian la primera y segundá prueba é yo la tercera, para solo la continuacion de las materias, por no haber peor corrector que el autor para todo lo demás, y la cuarta ellos, y con toda esta diligencia se imprimia despues.»

El impresor Plantino dió á un tal Guillermo el primer cuaderno de original de la obra para que lo copiara. Guillermo copió algunas hojas y se guardó en el seno del sayo el original y la copia para ir á enseñar esta al autor para que dijese si iba así bien ó no; pero en el camino se emborrachó y perdió el manuscrito.

Cuando Plantino lo supo se llenó de afliccion y no se atrevia á decírselo á Garibay, porque el original perdido contenia «el principio y adorno de toda la obra.»

3

Garibay metia prisa á Plantino y éste contó á Arias Montano el conflicto en que se veia. Arias Montano lo consultó con los burgo-maestres ó gobernadores de la ciudad, quienes prendieron á Guillermo, echaron pregones y por fin lograron hallar el manuscrito íntegro en poder de un mozo de caballos de los Fúcares alemanes, quien le habia encontrado en una iglesia donde por lo visto le dejó caer el borrachon del escribiente.

II.

Aperreadísima fué la vida que Garibay se dió en los once meses que duró la impresion de su magna obra.

—Con el mucho trabajo, dice el mismo, vine á estar tal que por no hacer mi estómago la digestion necesaria por falta del calor natural, comia de ordinario carne muy picada. Con el gran deseo de volver á España acabada la impresion, jamás me acosté hasta dadas las doce de la media noche del reloj de la iglesia mayor, donde cada dia oia misa por parar cerca de ella por órden de los burgo-maestres, en la casa que yo escogí junto á la calle de los libreros.

Aquel año hubo en la ciudad una gran peste, y no obstante que en la calle donde vivia Garibay habia muchas casas cerradas con cadenas, por la peste, ni en su persona, ni en la de los que vivian en su posada, ni en la de los impresores y escribientes de la obra se dejó sentir la epidemia.

—Puedo afirmar, dice Garibay, que jamás en toda mi vida trabajé tanto en cosa alguna como en esta impresion, porque fuera de la incesable superintendencia, fueron innumerables los disgustos que padecí por ser los impresores generalmente donde quiera, gente soez, sin ningun género de nobleza y virtud.

Suponiendo de la religiosidad de Garibay que los impresores de aquel tiempo merecian los piropos que el cronista les echa, hay que convenir en que estos operarios han variado mucho desde el siglo XVI al nuestro, pues hoy los impresores, si no son ningunos santos ni ningunos sabios, tampoco son los ménos instruidos y morigerados en la numerosa familia de los artesanos.

Ya no faltaban al atareado cronista más que los primeros pliegos de su obra, que engalanó con hermosa portada alegórica y su retrato. Dice que le hizo este uno de los mejores oficiales que en Amberes habia, y en verdad que el retrato que lleva la obra es trabajo notable. En él aparece en toda su pureza el tipo vascongado: el cronista tenia facciones muy varoniles, nariz un poco aguileña, boca fruncida, frente despejada, el entrecejo arrugado, la barbilla aguda, cerrada la barba y el bigote poblado. Aparece vestido con gorguera y coleto, y tiene la cabeza descubierta y rapada. Dice que no quiso retratarse con gorro ni sombrero porque estas prendas variaban con mucha frecuencia.

Pagó á Plantino hasta el último maravedí de lo que le quedaba á deber, y poniendo en fardales la mitad de la edicion de la crónica, la embarcó para España en diferentes naos dejando en Amberes el resto para que lo enviaran conforme se presentara ocasion.

Tenia tanto cuidado del original de la obra, que se le entregó á un maestre de una zabra de Laredo para que le trajese á España pagándole el porte cuádruple con objeto «de que le reservasen si hubiese echazon de ropa» y veinte escudos de oro «porque le salvasen si hubiese algun naufragio.»

Dios, como él cree, le inspiró el enviar por mar el original de la obra en lugar de traerle consigo en su viaje por tierra, pués durante este viaje fué desbalijado en Francia por unos ladrones, capitaneados por el conde aleman Cárlos de Mansfelt.

Despues de correr mil peligros, llegó á la frontera de España y volviendo los ojos á Francia exclamó:

—Nunca su Divina Majestad permita que yo

torne á atravesar tierra de tantas herejías y mal-
dades!

Antes de ir á su casa fué á Nuestra Señora de
Aránzazu en cumplimiento del voto que habia hecho
en Flandes de visitar aquella santa casa ántes que
la suya, si Dios le dejaba volver vivo á la patria.

Muchos de sus deudos y amigos acudieron á
Aránzazu apenas supieron su llegada y con ellos se
dirigió á Mondragon entrando en su casa el 3 de
Febrero por la tarde á los veintiun meses y nueve
dias de su salida.

Durante su permanencia en Flandes no habia olvidado los obsequios que habia recibido en Bilbao y
los buenos amigos que aquí habia dejado.

Hallándose en Amberes le dieron la triste noticia
de que la villa de Bilbao, que tan floreciente y hermosa habia visto, habia sido medio destruida por un
terrible incendio.

—¿Se ha quemado tambien el rio? preguntó.

Y como naturalmente le contestasen que no,
añadió Garibay:

—Pues entónces, no hay cuidado, que la villa se
reedificará de modo que una sola calle valga tanto
como todas las de antes.

Cuando de vuelta de su viaje volvió Garibay á
ver la villa, sé convenció de que su cálculo no habia sido desacertado, y en el año de 1594 escribia:

—Es muy hermosa la reedificacion, que vale una
casa por muchas de las pasadas, porque todo el pueblo era de tablas sino era tal ó cual casa, y ahora es
toda de hermosa cantería ó de ladrillo, resultando
de aquel mal muy mucho bien.

Si hoy viviese Garibay, se convenceria de que sin
quemarse el Ibaizabal puede experimentar Bilbao
una gran calamidad que arruine para siempre á la
opulenta villa; tal es la de que el rio de la Plata,
como un tiempo se llamó y áun hoy pueden llamar
Vizcaya y el Tesoro público al Ibaizabal, se cierre
completamente para las naves como ya le van cer-
rando los montes de arena que nadie cuida de sepa-
rar de la canal.

Hallábase Garibay aún en la cama la mañana del
dia 4, cuando entró á saludarle Francisco Lopez de
Vergara, quien dándole recuerdos de su sobrino el
doctor Francisco Lopez de Vergara y Garita, vecino
de Bilbao, le dijo de parte de este que habiendo llegado á Bilbao una caja de sus libros, la impacien-
cia de D. Juan Alonso de Múxica por ver la obra
impresa habia sido tal, que habian sacado un ejemplar, le habian leido y tenian intencion de pedirle
cuenta sobre lo que décia acerca de la union del
Señorío á la corona de Navarra en los tiempos antiguos.

—Decid á vuestro sobrino, que Dios mediante

allá estaré dentro de seis dias, contestó Garibay; pero añadidle que no habrá en todo el pueblo quien haga variar en nada mi opinion en ese particular.

En efecto, el dia 10 entró Garibay en Bilbao, y las personas más notables de la villa salieron á recibirle á la plaza disputándose la honra de hospedarle y agasajarle; pero ni entonces ni cuando volvió otra vez á Bilbao, ninguno disputó con él sobre las opiniones emitidas en su obra.

En Bilbao encontró el ilustre historiador el original de su obra, que le tenia muy inquieto, y le proporcionó una gran alegría. Pocos dias despues pasó á Castro-Urdiales y Laredo á ver qué ejemplares habian llegado á este último puerto.

No fueron noticias muy satisfactorias las que fué adquiriendo, porque en la navegacion se le perdieron libros por valor de dos mil ducados. Los ingleses se apoderaron de una nao francesa de Martin Sanchez de Sonnan, vecino de San Juan de Luz, en la que venian diez fardeles de libros por encuadernar, en papelon y becerros. En otra nao de Isidro Yañez, español, se anegaron en la costa de Normandía otros diez fardeles sin encuadernar con las mismas cubiertas de becerros, y por último con una urca flamenca se perdió un cofre grandísimo que contenia ejemplares encuadernados.

A su vuelta de Laredo permaneció Garibay en

Bilbao muchos dias en extremo obsequiado, y todo
el resto de su vida recordó con cariño los amigos y
la hermosura de la villa de Bilbao, donde hoy
existe una familia que posee, con la veneracion que
se merece, un ejemplar del *Compendio historial*
regalado sin duda á la misma por el insigne autor,
cuya firma autógrafa enriquece el pié de la segunda
página.

AMOR Á LA PATRIA.

Sentado una noche en la cátedra del Ateneo de Bilbao uno de los jóvenes que por su elevado talento y su noble corazon honran más al solar vizcaino, habló por incidencia de uno de los caractéres que más sobresalen en los hijos de las montañas: el amor á la patria.

—Parece, decia, que esas cordilleras de montañas que resguardan los valles en que nacimos reconcentran en un punto todos nuestros afectos para que su conjunto constituya un gran amor, el amor al valle nativo.

Tenia razon Adolfo de Aguirre: uno de los caractéres más distintivos de los hijos de las montañas, ya permanezcan en la tierra nativa ó ya vivan lejos de ella, es el patriotismo, es el amor á la tierra en que nacieron.

Los hijos de la tierra llana tampoco la olvidan

cuando se separan de ella, porque para gloria de la
humanidad, el amor á la tierra natal es condi-
cion natural del hombre. ¡Cómo hemos de olvidar,
hayamos nacido en las montañas ó en las llanuras,
el rinconcito del mundo donde nacimos y dimos los
primeros pasos, si en él están el recuerdo de nuestro
hogar, el recuerdo de nuestros padres, el recuerdo
de nuestros hermanos, el recuerdo de nuestros primeros amigos y compañeros, el recuerdo de nuestra
edad más feliz, los recuerdos más dulces de nuestra
vida! Pero el recuerdo que de la tierra nativa conservan fuera de ella los hijos de las llanuras, es un
recuerdo tibio que radica en la memoria mas bien
que en el corazon, no el recuerdo profundo, entrañable, perpétuo, mezcla de alegría y tristeza, en-
gendrador de dulces lágrimas y dulce melancolía,
que tienen los hijos de las montañas cuando viven
lejos de ellas.

Los portugueses y los gallegos tienen para expresar este sentimiento en toda su intensidad una voz
que no tiene equivalente en la lengua castellana,
generalmente tan rica y expresiva. Un escritor por-
tugués encabezaria este capítulo con el dulce título
de *saudades*, y esta es la voz que debemos envidiar
á nuestros vecinos y hermanos de Portugal y Galicia.
La palabra *recuerdos* con que en nuestro idioma
expresamos algo de lo que expresa el *saudades* por-

tugués, es muy vaga, y por lo mismo que tiene mucha amplitud tiene poca intensidad.

El pobre jóven gallego abandona forzosamente sus hermosos valles y montañas para servir en el ejército, y una profunda tristeza se apodera de él. Su cuerpo está en un cuartel ó en un campamento y su pensamiento está en los valles nativos. La especie de distraccion que este estado de su alma produce, se atribuye á torpeza y falta de voluntad de aprender, y el desgraciado es objeto de contínuos y rigorosos castigos. Su salud va declinando y al fin se le abren las puertas de un hospital. Los médicos no comprenden el mal que padece, y si le comprenden se rien del mal más santo de la tierra. La ciencia tiene la palabra *nostalgia* para nombrar este mal, y en nuestro ejército hay muchos médicos y jefes capaces de sentir la compasion y el amor que merece el soldado que enferma de «deseo de volver á la patria,» que no otra cosa significa aquella palabra griega; pero como en todas partes y en todas las profesiones domina la vulgaridad, se ha adoptado un nombre ridículo para designar el mal que padece el pobre soldado gallego.

—¿Qué tiene ese soldado? preguntan á un médico vulgar.

—¡Qué ha de tener! contesta, lo que todos los gallegos: la *morriña*.

El pobre enfermo yace postrado y como indiferente á todo en su miserable lecho, á donde ya no se acerca, como en otro sitio y otro tiempo, una madre ó una hermana á reanimarle y consolarle con sus amorosos cuidados!·

Por casualidad pasa no lejos de allí uno de esos infelices ciegos de su país que ganan el pan tocando la gaita gallega, dulce y quejumbroso instrumento que parece tener el destino providencial de llorar eternamente las desventuras de Galicia, y de repente llega al oido del enfermo la música de sus montañas. Entonces sus apagados ojos brillan de alegría, incorpórase en el lecho con inesperado vigor, y de sus ojos brotan abundantes lágrimas de alegría.

Lo que ese pobre jóven siente es lo que expresa la palabra luso-galáica *saudades*.

Recorro las orillas del Ibaizabal, y para no sentir el calor ó el frio ó las penas del alma, busco pensamientos agradables. Entonces pienso en tí, inocente hija de mi alma, que estás lejos de mí, y me parece oir tu dulce voz y ver tu amorosa sonrisa y estrechar tus delicadas manecitas y besar tu cabecita rubia, y hablo contigo, y contigo juego, y me hago niño como tú para complacerte y complacerme. Pensando, pensando en tí, sigo mi camino olvidado de cuanto me rodea, hasta que tropiezo con un amigo, y volviendo entonces en mí, advierto que tengo los ojos preñados de lágrimas. Pues lo que ha puesto aquellas lágrimas en mis ojos tiene en Portugal y en Galicia el nombre de *saudades*.

Una muchacha de Olaveaga cose junto á un balcon y está silenciosa y triste. No estaba así mañana hará un año, pues la ví en la romería bailar y reir como una loca con un jóven marinero que mañana no ha de acompañarla, pues está por esos mares afuera. Una lágrima cae sobre la costura y yo comprendo al fin qué es lo que siente la pobre muchacha: en Portugal y Galicia llaman á lo que siente *saudades*.

Hay en Bilbao un inteligente fotógrafo (D. Luciano Carrouché) que con frecuencia abandona la villa y trepando á nuestras pintorescas montañas ó internándose en nuestros frondosos valles, planta la cámara oscura delante de una humilde casería y torna á la villa trayendo, fielmente reproducidos en el cristal para trasladarlos luego al papel, la casa y los campos que la rodean. Pronto la fidelísima imágen de aquella casa y aquellos campos atraviesa los mares encerrada en una carta y llega á manos de un mancebo, cuya mayor delicia, á muchos miles de leguas de la patria, es pensar en aquella casa y aquellos campos, porque nació allí y allí están los recuerdos más dulces de su vida. Figurémonos lo que pasa en el corazon del mancebo cuando, temblando de emocion, abre la carta, fija su vista en la casa donde

nació y en los campos donde jugó cuando niño, y
reconoce los árboles á donde trepaba, y hasta dis-
tingue los *tochos* donde jugaba á las nueces con sus
hermanos y las piedras que sus hermanos y él amon-
tonaron á la orilla del.arroyuelo que corre por el
nocedal abajo, para hacer lo que ellos llamaban molinos; y sobre todo figurémonos su asombro y su
dulce y santa emocion cuando ve á sus padres y sus
hermanos trabajando en la heredad contigua á la
casa, y á la vaca que él vió nacer, paciendo en el
campo, y al perro que tantas veces le acarició y le
sirvió de cabalgadura, durmiendo bajo el emparrado
de la portalada!

Pues el sentimiento que mueve al jóven vascongado á escribir al fotógrafo bilbaino (que en verdad
sea dicho, comprende este sentimiento, porque al
amor al arte reune el amor á la familia y al hogar)
para que le proporcione la dicha de poder ver á
todas horas lo que mas recuerda y ama en el mundo,
y el sentimiento que hace latir su corazon cuando
ve lograda esta incomparable dicha, y el que le
mueve á contemplar á todas horas aquella fotografía
llegada de la tierra natal, todos estos dulces y nobles sentimientos tienen en Portugal y Galicia el nombre de *saudades*.

Si hubiese en el centro de España un punto de
cita donde se reuniesen en gran número españoles

de todas las comarcas, sexos, edades y condiciones, no para permanecer allí un solo dia y hacer la vida del transeunte, en la que desaparece la diversidad de costumbres é inclinaciones, sino para permanecer largo tiempo y hacer la vida normal, entonces ¡qué campo tan vasto tendria el observador para estudiar la diferencia de inclinaciones y costumbres de todos los españoles! Pues este punto de cita existe tal como el observador le pudiera soñar, y es Madrid, donde el autor de este libro ha vivido por espacio de veinticinco años.

Madrid es un pueblo alegre, sano, hermoso, lleno de vida material é intelectual, tal que no há mucho ha escrito un extranjero, despues de visitarle, que Madrid es la capital más alegre de Europa; pero á pesar de eso, reina allí en todas las estaciones y en todas las familias una enfermedad que tiene el nombre de nostalgia. Me disgustan profundamente en Madrid el rigor de las estaciones y la aridez de los campos donde apenas se alza un árbol, donde apenas un accidente interrumpe la monotonía del terreno y donde apenas dura dos meses la verdura; pero no es esta la causa de la enfermedad que predomina en aquella capital. Es que allí todos son forasteros, todos hablan de su pueblo, todos hablan de su tierra. En las ciudades es muy comun que hablen mal de ellas los que las habitan, y digo en las ciudades,

porque en las aldeas es donde se encuentra más
amor á la localidad; pero en ninguna se habla tanto,
y en pocas con tanta injusticia, como en Madrid.
¿Por qué? Tambien porque allí todo el mundo es
forastero, todo el mundo habla de su tierra. El autor
de este libro, á pesar de haberse visto siempre en
Madrid aquejado de la nostalgia, de la enfermedad
comun allí, no ha incurrido en la injusticia comun:
las flores, el sol, el cielo, la virtud, la inocencia, el
saber, la amistad, la familia, el patriotismo, el progreso, la libertad, todo lo hermoso le ha parecido
allí hermoso y ha merecido su amor y su bendicion
aunque aquel pueblo no fuera su pueblo ni aquella
tierra su tierra. Gracias á este espiritu de justicia,
que es innato en su corazon, ha podido estudiar allí
con imparcialidad los sentimientos y las costumbres
de todos los habitantes de España, patria comun de
todos los que hemos nacido aquende y allende el
Ebro.

Hay á la orilla izquierda del Manzanares una arboleda cuya frondosidad excede á todo encarecimiento,
y por lo mismo parece allí tambien forastera, como
lo son los plátanos que la constituyen. Da nombre
al reducido espacio que ocupa una ermita que tiene
la advocacion de la Vírgen del Puerto, y así que la
arboleda se cubre de hoja, se celebra allí todos los
dias festivos una alegre romería. La dulzaina y la

gaita gallega son los instrumentos músicos que allí
dominan, y á su compás bailan, cantan, rien, gritan,
enloquecen de gozo millares de personas entre las
cuales apenas hay una que no haya nacido en las
montañas de Leon, en las de Asturias ó en las de
Galicia. El recuerdo de la patria, que descuella sobre todos los recuerdos del montañés, es el que
reune allí aquella muchedumbre y el que regocija
todos los corazones. Para otros es objeto de burla y
risa el círculo inmenso de asturianos de ambos sexos
·que asidos de las manos y entonando una melancólica cancion de sus montañas al compás de un pau-
sado y singular movimiento, pasan la tarde dando
muestras de que en aquella diversion encuentran un
encanto indefinible; pero yo jamás he podido presenciar sin emocion la *danza prima*, nombre que
dan á aquel monótono movimiento, ni oir aquella
melancólica tonada. Danza y canto me dicen que el
dulce y santo recuerdo de la tierra nativa llena el
corazon de aquellos pobres montañeses.

Hace cerca de veinte años resonaron, quizá por
primera vez, en las calles de Madrid, un tamboril y
un silbo tocados con poquísima habilidad. Al oirlos,
latió de alegría el corazon de los hijos de nuestras
montañas, y desde entonces centenares de jóvenes
vascongados que ya ántes se buscaban y se reunian
en otros sitios impulsados por el amor y el recuerdo
4

de la patria, se reunen donde el tamboril y el silbo
resuenan.

Buscad en Madrid el sitio donde se reunen los hijos de la tierra llana y no le encontrareis, como yo
no le he encontrado. Buscad en América el sitio
donde se reunen los hijos de las montañas peninsu-
lares, en cuyo número incluyo á las de Cataluña y
Aragon cuyos naturales sueñan, como los del litoral
cantábricȯ, con la tierra nativa, y le encontrareis
en todas partes.

Pero ¿cómo se explica este entrañable amor de
los montañeses á la tierra nativa? Sí, tenia razon
Adolfo de Aguirre al decir que ese círculo de montañas que resguarda los valles donde hemos nacido,
recoge y concentra en un punto todos nuestros
afectos para formar un gran amor, que es el amor á
la patria.

Desde nuestra niñez, desde la edad en que todo se
fija en la memoria con tintas indelebles, cuando nos
asomamos á la ventana, cuando salimos de la casa
paterna, cuando corremos por los campos, en vez de
perderse nuestra mirada en un horizonte sin límites,
tropieza, por donde quiera que la dirijamos, con
unas escarpadas rocas, con una verde colina, con
una alta montaña, con una frondosa arboleda, y á
fuerza de ver arboleda, montaña, colina y rocas, y
de vivir con ellas, nos acostumbramos á verlas y

amarlas, y ya no podemos vivir sin amarlas y verlas.

Sér amado cuya memoria vive siempre con nosotros, en quien soñamos dormidos y en quien pensamos despiertos, que para unos tienes el nombre de madre, para otros el de hija, para otros el de amada, para otros el de esposa, para otros el de hermana, ¿no es verdad que para nuestra primera entrevista prefieres el misterioso regazo de la montaña á la llanura dè horizontes infinitos? ¿No es verdad que si te dan á escoger el sitio donde haya de realizarse esa dulce y anhelada entrevista no escogerás, no, la llanura donde ningun árbol nos dé sombra, donde el eco de nuestras palabras y nuestros suspiros se pierda en la inmensidad, donde las miradas del que nó puede sentir, ni comprender, ni respetar las expansiones de nuestro amor vengan de todas partes á profanarlas? ¿No es verdad que escogerás el vallecito oculto entre dos verdes montañas, donde á la fresca y misteriosa sombra de los castaños, murmure la fuente y canten los pájaros y el eco repita nuestras palabras, y nuestros besos, y nuestros suspiros?

EL SEÑOR DE TAVANEROS.

I.

Hay en Vizcaya una frase proverbial que dice:
«*Te pareces á Floranes, que se metia en todas partes.*» Pues lo que voy á escribir no tiene más intencion que la inocentísima de averiguar el orígen de
este proverbio, con que más de cuatro veces nos
reconvino cuando niños nuestra madre.

Justamente por ahora hace un siglo, apareció en
Bilbao, como llovido del cielo, un jóven que llamó
singularmente la atencion por su febril actividad,
por su soltura de lengua y por la habilidad y des-
parpajo con que se metia por todas partes. Era una
especie de duende que se aparecia donde quiera,
dispuesto á servir y complacer á todo el mundo.

¿Comenzaba de repente á llover y una señora ó

un caballero de suposicion se encontraba en la calle
sin paraguas? Pues al momento aparecia nuestro
jovencito ofreciéndole el suyo. ¿Moria una persona
rica y su familia se veia apurada por falta de ama-
nuense que escribiese, con la premura que el caso
requeria, las esquelas convidando al entierro? Pues
allí estaba el forastero dispuesto á sacarla del apuro.
¿Llegaba un aldeano al corregimiento ó á cualquiera
otra oficina y se veia atado para entenderse con los
oficinistas? Pues el jóven consabido le servia de
agente y lo arreglaba todo en ménos que canta un
gallo. Hasta en los conventos se mostraba útil y ser-
vicial el forasterillo. Más de una vez sucedió á los
religiosos de San Francisco y San Agustin ir á cele-
brar misa muy de mañana, y encontrándose sin
quien la ayudase, salir del apuro con el auxilio de
nuestro jóven, que, como subido por escotillon, se
aparecia en el presbiterio.

Entónces no habia periódicos en Bilbao, pero si
los hubiese habido, no hubieran tenido sus redacto-
res que romperse mucho la cabeza para redactarlos,
que el forastero les hubiese dado original para llenar
sus columnas, pues era habilísimo escritor, sobre
todo en cosas de historia, como lo probaban varias
disertaciones que corrian manuscritas de mano en
mano encareciendo la nobleza y cristiandad de los
principales linajes de la villa.

Sobre todo, á quien el forastero enamoraba, era
al Sr. D. Juan Domingo del Junco, corregidor del
Señorío, en cuyo despacho se colaba á todas horas
como Pedro por su casa.

—¡Es mucho mozo este D. Rafael! exclamaba
el señor corregidor desternillándose de risa con las
gracias de su favorito, que siempre tenia á mano un
donoso cuentecillo para solazar al grave magistrado,
ó hallaba salida en los negocios más difíciles del corregimiento.

El favor de los grandes tiene por lo regular sus
inconvenientes, que son la envidia, y por consecuencia el odio de los pequeños. Así era que los oficiales
del corregimiento no podian ver ni pintado al *mon-
tañesuco*, que con este nombre designaban al favorito de su señoría, y cada vez que le veian entrar
sin ceremonia en el despacho del corregidor, se daban al mismísimo demonio.

En 1768 vacó en el corregimiento, por muerte de
un señor Muga que la desempeñaba, una plaza de
procurador de número. Estas plazas no eran gran
prebenda, pero áun así, todos los amanuenses de
aquella dependencia se regodeaban con la esperanza
de obtenerla, fundándose en el derecho que tenian á
ella por sus servicios al Señorío y por ser naturales
de este ilustre solar. Júzguese cual sería el disgusto
de todos los dependientes del tribunal, inclusos los

mismos procuradores, cuando una mañana se encontraron al montañés repantigado en el sillon del difunto Muga, dándose aires de propietario!

Era que el señor corregidor habia provisto la plaza del señor Muga en D. Rafael de Floranes y Encinas, natural de Tanarrio, cerca de Liébana, en las montañas de Santander, ó séase «un tal Rafael Floranes» como los dependientes del corregimiento le nombraban en los escritos á que la tal provision dió lugar.

Los dependientes del tribunal pusieron el grito en el cielo al saber esta resolucion y protestaron contra ella, apoyados en las ordenanzas del corregimiento aprobadas en 1705, segun las cuales, para táles oficios sólo deben ser admitidos los hijos legítimos y naturales del Señorío, con exclusion de todo forastero.

El corregidor se empeñó, sin embargo, en que el nombramiento era válido, y los dependientes del corregimiento se prepararon para acudir á las juntas generales que debian celebrarse aquel año só el arbol de Guernica.

En efecto, esta cuestion se llevó á las juntas, y á pesar de haber expuesto el interesado á los representantes del Señorío, en un memorial lleno de piropos á esta noble tierra, «que él era un perito singular en un arte tan útil y necesario como el de la

manuscrita, así latina como castellana, y tenido por
persona necesaria en cualquiera tribunal de justicia,
como se experimentó en la real Chancillería de Valladolid en el discurso de dos trienios de práctica que
tenia empleados en aquella autorizada curia», á pesar
de esto, la junta decretó por unanimidad «que se
guardase en todo la ley sexta, título primero del
Fuero de Vizcaya, y la real cédula en que se previene y manda que los oficios y mercedes de S. A.
se den á los naturales de este Señorío y no á otro
alguno que sea de fuera.»

Calculen nuestros lectores cómo se quedaria el
bueno de D. Rafael con esta salida de la junta, que
indudablemente no esperaba. Cuéntase que al dia
siguiente, quejándose de ella al corregidor, este le
contestó :

—¿Creyó usted que con tenernos por padrinos á
mí y á los señores de Bilbao, estaba al fin de la
calle? Pues se equivocó usted de medio á medio.
Amigo, estos *echeco-jaunac* de las aldeas y las villas, que se reunen bajo el árbol de Guernica para
tratar los negocios del Señorío y hacer justicia seca,
se agarran á la ley, y todas las recomendaciones del
mundo no se la hacen soltar. Hombre, usted que la
echa de historiador, debia saber lo que le sucedió á
mi antecesor, el licenciado Soto, con una vizcaina.
Con arreglo al Fuero, á no ser en ciertos casos, como

el delincuente no sea preso ántes de pasar las veinticuatro horas de cometido el delito, no se le puede prender ni proceder de oficio sin que preceda el llamamiento so el árbol de Guernica por espacio de treinta dias. Pues bien, siendo corregidor el licenciado Soto, se cometió un homicidio, y la mujer del muerto se arrojó á los piés del corregidor llorando como una desesperada y pidiendo venganza.

—Señora, le contestó el corregidor, no se puede proceder contra el asesino hasta que pasen treinta dias; porque así lo dispone el Fuero.—Pues que se cumpla el Fuero que es mas sagrado que la vida de mi marido y la mia, contestó la mujer levantándose y retirándose tranquila. Conque váyales usted á los vizcainos con recomendaciones para que hagan la vista gorda á sus leyes. Yo represento en la junta al señor de Vizcaya, y en tal concepto me tratan con mucho cumplido; pero si ven que cerdeo un poco, me brean con una andanada como la que me echaron ayer por causa de usted.

—Tiene usía razon, que en este pícaro asunto me he portado como un tonto. Lo que yo debia haber hecho es irme por las aldeas á dar una dedadita de miel á los *guizones*.....

—Sí, ¡buena gente es esta para conquistarla con zalamerías! Le hubieran ofrecido á usted con mil amores su casa y su mesa, y le hubieran dado si usted se la hubiese pedido, hasta la camisa; pero en cuanto hubiese usted ido al grano, es decir, á la placita de procurador, le hubieran contestado con mucha política que esas son cosas del Fuero y no suyas.

—¡Pues, señor, me he lucido!

—Diga usted nos hemos lucido, porque no es floja la peluca que la junta me ha echado á mí con la siguiente coletilla'que contiene su acuerdo:— «Siendo, como es, contra la ley el nombramiento de procurador que el señor corregidor ha hecho en nombre de S. M. á favor de Rafael de Floranes, y en perjuicio de los naturales de este Señorío, el síndico procurador general salga á la causa y pida la observancia y cumplimiento de la ley, á costa y expensas de la tesorería general, á cuyo fin se le dan poderes ilimitados.» Conque ¿qué dice usted de la indirecta del *Padre Cobos*?

—Lo que digo es que indirectas más amargas y trascendentales que esa han de oir de mí los vizcainos.

Pocos dias despues, D. Rafael de Floranes iba camino de Vitoria, y cada vez que veia calabazas en los maizales y las huertas de la llanura de Durango, le entraba una murria de doscientos mil demonios.

II.

En 1770 figuraba muchísimo en Vitoria un caballero que se firmaba «D. Rafael de Floranes, señor
de Tavaneros.»

Hacía apenas dos años que había llegado allí, y
habiéndose captado las simpatías de las personas más
notables de la provincia, entre ellas el erudito y la-
borioso cronista del país vascongado, D. José
Joaquin de Landázuri y Romarate, tenia franca entrada en todos los archivos, y no había persona que
poseyese papeles curiosos que no se los facilitase,
con tanto más motivo cuanto que aquel caballero era
persona muy docta y aficionada á las cosas de Alava,
cuyas antigüedades se proponia ilustrar.

Aquel caballero debia ser rico, por cuanto así lo
hacian sospechar su aristocrático título, que habia
heredado recientemente, su porte y su desinterés.

En cuanto á su desinterés, no ofrecia duda alguna.
Es verdad que el señor de Tavaneros obtenia un
respetable lucro de las comisiones que, ya la provincia, ya el cabildo colegial, ya los particulares, le
daban, hoy de arreglar un archivo, mañana de es-

, cribir una Memoria, esotro de contestar á los que sostenian que la diócesi de Calahorra habia hecho bien y retebien en irse anexionando la vascongada, pero no admitia por estos trabajos recompensa alguna en vil metal sino en alguna vajilla de plata, algun buen reloj ó algun otro obsequio de los que no deshonran á·los caballeros de suposicion como aquel era.

Hay que hacer justicia en todo al señor de Tavaneros: su estilo era un poco pesado y mazacote y su método confuso; pero como el hombre tenia un memorion atroz y trabajaba como.un negro, su erudicion era vasta aunque no profunda.

Los alaveses, amantísimos de las glorias vascongadas en general y de las alavesas en particular, vieron el cielo abierto cuando vieron que todo un señor de Tavaneros se encargaba desinteresadamente de sacar á relucir hasta las glorias mas escondidas de Alava; y con aquella sencillez que les es propia, se mataban los pobres por demostrar su agradecimiento al sabio montañés que les decia:— Poco he de poder yo ó han de tener ustedes catedral con su obispo y todo.

.Dicen que Vitoria es tierra un poco fria, pero el señor de Tavaneros con buen calor trabajó mientras estuvo allí, como lo prueban las siguientes obras que salieron de su pluma y se conservan casi todas inéditas en la Real Academia de la Historia:

Glórias selectas de la M. N. y M. L. provincia de Alava (Manuscrito en 19 hojas en fólio, dedicado á la misma provincia.)

Catálogo de los antiguos gobernadores de la provincia de Alava. (Manuscrito en cuatro pliegos.)

Antigüedades y memorias de la M. N. y M. L. provincia de Alava. (Manuscrito en 18 hojas.)

Iglesia de Armentia y catálogo de los obispos de Alava. (Manuscrito de 65 folios.)

Usurpacion de la sede de Armentia por los obispos de Calahorra en 1089. (Manuscrito de 54 folios.)

Nueva usurpacion, que dura en el dia, del obispado de Armentia, por D. Rodrigo Cascante, obispo de Calahorra, entre los años 1183 y 1189, y actas de resistencia en las provincias de Alava, Vizcaya y Guipúzcoa contra los obispos de Calahorra por su intrusion en la silla alavense. (Manuscrito de 67 folios.)

Restauracion de la silla de Armentia en 1184. (Manuscrito de 34 folios.)

Tales fueron los trabajos que ocuparon en Vitoria al señor de Tavañeros, á quien animó mucho el clero alavés á ocuparse con tal insistencia en la cuestion del obispado de Armentia. Cierto que estas obras eran opúsculos de cortas dimensiones, pero en ellas brillaba la gran erudicion que su autor poseia.

No fuéron estos los únicos escritos del señor de Tavaneros. Además de las obrillas genealógicas que escribió para los Salazares y otros señores de Bilbao, cuando su sueño dorado era calzarse la placita de procurador del corregimiento de Vizcaya, escribió un discurso crítico sobre la «Situacion y límites de la antigua Cantabria,» y otra porcion de menudencias que se conservan en su *coleccion* de la Academia de la Historia (1).

El señor de Tavaneros murió en Valladolid en 1804 con el consuelo de haber devuelto con usura las indirectas á los vizcainos.

Expliquemos esto último.

Las obras de D. Rafael de Floranes, señor de Tavaneros, son el arsenal adonde acuden por armas todos los que tratan de herir al país vascongado.

Los Riscos, los Trággias, los Llorentes, todos los

(1) No dejo de conocer y confesar que Floranes era hombre que habia leido mucho, y que en *cierto modo* mereció bien de las provincias Vascongadas por sus investigaciones históricas; pero estoy muy lejos de participar de la opinion de los señores Fernandez de Navarrete y Manteli que en la *Reseña histórica* del antiguo obispado alavense que han dado últimamente á luz, califican á Floranes de escritor bien intencionado. He leido mucho de lo que Floranes escribió acerca de la provincia de Alava y las otras dos hermanas, y desgraciadamente no he podido dar con la buena intencion que los ilustrados autores de la *Reseña histórica* han encontrado.

vascófobos acuden á la coleccion de Floranes para
sostener, ya que las provincias Vascongadas no formaron parte de la antigua Cantabria, ya que las provincias Vascongadas no fueron nunca independientes,
ya que la lengua vascongada es un dialecto de tres
al cuarto, ya en fin, que no vale tres cominos todo
lo que más aman y veneran los vascongados.

Y como Floranes fué un *cantor* de las glorias vascongadas, vaya usted á decir á los señores *vascófobos*
que el canto de Floranes era el de la sirena!

¡Pobres historiadores alaveses, cómo se dejaron
seducir por ese canto! Porque es de saber que los
que en Alava se dedicaban á los estudios arqueoló-
gicos y creyeron encontrar en el señor de Tavaneros
un hermano leal que los ayudase á caminar por las
tenebrosas vías de la antigüedad, encontraron un
detractor. Landázuri se vió acusado por el señor de
Tavaneros de que habia robado á este sus manuscritos, é Ibañez, Gorostiza y Goti fueron víctimas de
una calumnia que seria terrible á no ser ridícula.

Sépanla nuestros lectores y asómbrense de la ton-
tería que acompaña á veces á la mala fe. Cuenta el
señor de Tavaneros, que asociados Ibañez, Gorostiza y Goti, fabricaban códices en que se decia lo
que ellos querian decir; los intercalaban subrepti-
ciamente en los archivos de los monasterios de Laturce, Herrera, San Millan de la Cogolla y otros;

estos falsos códices se iban viniendo á las manos de
los padres archiveros; los padres archiveros iban
gozosos á dar parte del hallazgo á los historiadores
alaveses, y el hallazgo pasaba por serlo de una pieza
que contaba la friolera de ochocientos ó mil años, y
como tal se celebraba.

¿Qué les parece á ustedes la destreza de los
picarones fabricantes de códices que se la pegaban
nada menos que á los padres archiveros de Laturce
y San Millan de la Cogolla?

Recemos un Padre nuestro porque Dios haya
perdonado al señor de Tavaneros!

LA MAR.

Un amigo mio que ha pasado treinta años de su vida recorriendo las soledades del Océano, me enseñaba dias pasados el *Diario* en que ha ido consignando todas las terribles vicisitudes de sus largas navegaciones. Púseme á hojear aquel libro, y despues de haber leido en la primera página esta exclamacion: «¡qué hermosa es la mar!» quedé no poco sorprendido al leer en la última: «La mar no se ha hecho para los hombres.»

Escribo estos renglones con un lápiz, sentado en un peñon del cabo de Machichaco. La mar se extiende delante de mí mas allá de lo que alcanza mi vista, y eso que mi vista (¡santa Lucía me la guarde!) es hermosa. Las olas rujen con soberbia al quebrantarse en el peñon donde me asiento, sin duda porque presienten que voy á insultar al Océano. Sí,

voy á insultar á ese traidor jigante, y le voy á insultar impunemente, porque apenas conseguirá sal-
picarme con los espumarajos de su rabia.

Ya sé que los poetas de cajon se indignarán conmigo viendo que al sentarme orilla del Océano no
escribo en mi cartera: «*Al mar.—Oda*» y empiezo
á soltar alejandrinos; pero permitanme esos señores
decirles que los horrores sublimes, á cuyo número
pertenece la mar, por más que sean sublimes no
dejan de ser horrores, y los horrores no me parecen
dignos de ser cantados.

—Pues horrores son, me replicarán, las batallas,
y las tempestades, y los incendios, y los terremotos,
y las pestes, y las hambres, y las calamidades de
toda especie.

—Estamos conformes.

—¿Y qué, no se cantan todos esos horrores?

—Sí, pero no me gusta esa música.

—Pues qué, ¿no admira usted la grandeza de
Dios en el trastorno de los elementos?

—Sí, pero la admiro más en la quietud y la armonía de la naturaleza.

—La poesía se ha hecho para cantarlo todo.

—La poesía no se ha hecho para cantar lo feo.

—Eso es hablar de la mar.

—Pues déjenme ustedes seguir hablando de ella.
Nací y pasé la niñez cerca de la mar, y á pesar

de que me encariño profundamente con todo aquello
á cuyo lado vivo, con las personas á quienes trato,
con la casa en que habito, con los árboles que me
dan sombra, con los pájaros que me dan música, con
el arroyo que me da murmullos, con los montes y la
vega que contemplo desde mi ventana, y hasta con
el sol que me quema y el frio que me entumece, y
los cínifes que me pican; á pesar, repito, de que me
encariño con todo esto, no he podido nunca encari-
ñarme con la mar.

Era yo muy niño, y allá, por el hondo valle que
separa á mi aldea de la mar, llegaban á mi pacífica
y bendita aldea prolongados y sordos bramidos que
me hacian estremecer y refugiar en el regazo de mi
madre.

—Santa vírgen de Begoña,—exclamaba mi madre
con lágrimas en los ojos,—no desampares á los pobres navegantes que cruzan esos mares traidores!

Y esta piadosa imprecacion quedaba grabada en
mi memoria, y en la confusion de mis ideas la idea
de la mar se asemejaba á la de los grandes azotes de
la humanidad.

La mar me· gusta, pero es desde lejos; desde
cerca todo me disgusta en ella; me disgusta su color
que ni es azul ni es verde, sino un compuesto indefinible de estos dos colores; me disgusta su sabor
que es salado y amargo, y me disgusta su olor que

es acre y nauseabundo. El agua de los rios, limpia; el agua de la mar, ensucia. Las evaporaciones de los rios, fertilizan las plantas; las evaporaciones de la mar, las abrasan.

Y á propósito de plantas, ¡qué diferencia entre las fluviales y las marinas! Las marinas, cuerpos inertes, donde no hay más que grosera materia; las fluviales, cuerpos vivientes que parecen animados y embellecidos con el perfume de la inteligencia.

Oigo decir que el bromo, y los cloruros, y los sulfatos que entran en la composicion de las aguas del mar, resucitan los muertos. No me atrevo á negarlo, porque reconozcó mi ignorancia para fallar en cuestiones de esta naturaleza; pero sí diré que cuando en estas peladas y tristes rocas, donde se estrellan las olas del mar, lucho con el viento que aquí sopla perpétuamente, y en este viento creo respirar los efluvios de los cuerpos humanos que flotan sin lágrimas, ni flores, ni oraciones en ese abismo, no me siento tan bien como en nuestras floridas y verdes y apacibles vegas de Abando y Durango y Guernica, donde el amor y los recuerdos fortalecen y consuelan mi alma, y los árboles y las flores me dan sombra y perfumes, y las auras de la montaña orean mi frente y regalan mi oido y dilatan mis pulmones.

Y luego tú, ¡oh mar! no eres mi patria: eres un vagabundo extranjero que llegas á nuestras risueñas y pacíficas montañas con la soberbia de aquellos otros extranjeros que llegaron acaudillados por los Césares y Agripas, y como tú, vieron quebrantado su poder en nuestras rocas y sólo consiguieron, como tú, penetrar en algunos de nuestros hermosos valles.

Y luego ese movimiento, esa inquietud, esa rabia, esa convulsion eterna que rechaza de tu seno la perfeccion y el progreso que la tierra admite agradecida y dócil, no puede simpatizar con naturalezas pacíficas y serenas como la mia.

¡Mal haya el insensato que lanzó la primera tabla al Océano y se colocó sobre ella!

Si un dia la desventura me arroja á las soledades del Océano, compadecedme, hermanos mios, y compadeced, como yo compadezco, á los que vagan por ellas. En el continente que se dilata á mi espalda nunca falta un árbol ó una roca donde pueda el viajero guarecerse del viento ó la lluvia, y sobre todo nunca falta un palmo de terreno donde pueda sentarse y descansar de la fatiga; pero en esas móviles soledades que se extienden delante de mí, ni áun tiene el pobre viajero el consuelo de la inmovilidad!

Un dia el piadoso Martin de Olarte se moria de tristeza perdido en esas soledades, é invocó el nombre de la Vírgen de Begoña á la sombra de cuyo santuario habia vivido hasta entonces tranquilo y contento y feliz. La Vírgen vascongada permitió que

el sonido de sus campanas atravesase las trescientas
cincuenta leguas que á Martin separaban del continente, y aquella santa armonía de la patria bastó
para reanimar y consolar al pobre navegante.

Campanas, templos, hogares, recuerdos, sepulcros, todo lo que constituye la vida del alma se encuentra en la tierra; pero ¿qué se encuentra en tí,
solitario Océano, qué se encuentra en tí, si la Vírgen
de nuestras montañas no renueva el milagro con que
consoló y fortaleció al piadoso Martin de Olarte? ¡Ah!
¡ni una cruz que recuerde á los muertos, ni una piedra que recuerde á los héroes!

Bien hizo el desengañado marino en decir, al terminar su *Diario*, que la mar no se ha hecho para
los hombres, y bien hubiera hecho tambien en añadir
que la mar se ha hecho para los mónstruos que habitan sus tenebrosas profundidades.

Hasta aquí los renglones que escribí con un lápiz,
sentado en un peñon del cabo de Machichaco. Estos
renglones eran incompletos apuntes de lo que yo
pensaba en aquellos instantes. Creí al escribirlos que
nadie mas que yo los habia de leer; pero oigo rugir
la mar, como leon calenturiento, y el llanto y la
desesperacion de cuatro madres sin ventura me dicen
que ese mónstruo insaciable ha devorado á cuatro
nobles mancebos, orgullo de nuestras montañas.
¿Cómo desahogar el dolor y la indignacion de mi

alma? Arrancando de mi cartera y mandando á la
imprenta aquellos renglones. No faltará quien me
grite:

—Tu criterio es mezquino, porque no comprendes la gran mision que la Providencia confió al
Océano al decirle:—Forma la mayor parte de la.
creacion universal. Tu criterio es injusto, porque
no tienes una palmada para los grandes poetas que
alzaron cánticos inmortales orilla del Océano.

Pero yo me anticipo á replicar á los que así me
griten:

—Mezquino é injusto es el criterio de la madre
que viendo agonizar al hijo de sus entrañas, llora y
grita y se retuerce é insulta al cielo que le arrebata
lo que más amaba en el mundo, sin considerar que
Dios le lleva lo que es de Dios y su hijo va á trocar
las tristezas de la tierra por las alegrías del cielo; y
sin embargo, no teneis reconvenciones para el mezquino é injusto criterio de aquella mujer desconsolada. ¿Por qué las habeis de tener para el mio.
cuando insulto á la mar que me arrebata á mis hermanos?

HABLAR DE LA MAR.

El *capítulo* que antecede se publicó en los periódicos y levantó gran oleaje entre los aficionados á la mar. En contestacion á uno de los artículos que se publicaron impugnando el mio, escribí la siguiente carta:

Sr. Director del *Correo de la Moda.*

Mi querido amigo: vagando por estos pacíficos y amados valles nativos, trepando á estas altísimas y verdes montañas, penetrando por estas misteriosas cavernas, atravesando estos quebrados peñascales, viviendo en estas hospitalarias caserías, conversando con estos nobles montañeses que, reunidos hace dos años bajo el árbol de nuestras libertades, se acordaron de mí y me gritaron con voz unánime: ven á nuestras queridas montañas, que aquí tendrás pan y amor sin las tristezas del destierro; aqui donde mi corazon parece que quiere estallar de alegría y agradecimiento, no me he olvidado un solo dia del *Correo de la Moda* que tambien me qfreció honra y pan en los dias más tristes de mi vida : del *Correo de la Moda* donde vieron la luz pública por primera vez mis *Cuentos de color de rosa*, mis *Cuentos campesinos*, mis *Cuentos populares*, la mayor parte de los humildes trabajos literarios que recordaron mi destierro á estos nobles montañeses. El *Correo de la Moda*, como un antiguo y cariñoso y leal amigo, me busca en mi humilde morada, á la sombra de los castaños, en la solitaria casería, en la cima de la montaña, en las rocas donde rompe sus olas el mar Cantábrico, en todas partes á donde me dirijo para nutrir mi corazon y mi inteligencia con la poesía que atesora esta honrada tierra.

Hallábame ayer en la cumbre del Sarantes, el primer monte vascongado que descubre el marino que se dirige á estas costas; pico de quien dice el pueblo, con la poética exageracion que le es propia, que ha hecho derramar más lágrimas de alegría que agua lleva el Ibaizabal. Desde allí se descubre la inmensa llanura del Océano, y yo habia subido allí para decir en un *capítulo* lo que he sentido y pensado contemplando *La mar desde lejos*, como he dicho en otro lo que sentí y pensé contemplando *La mar desde cerca*; y allí, á aquel altísimo monte cónico, que según los naturalistas un dia se vió coronado por la ígnea cabellera de un volcan, allí, á la cima de aquel monte á cuyo pié septentrional ruge eternamente el Océano como desesperado por su impotencia para alcanzar el blanco y hermoso Santurce que se reclina suave y plácidamente, como si dijéramos, en el tobillo del monte, ó como si quisiera avanzar aún más allá y anonadar á la feraz y verde llanura de Baracaldo; allí subió á buscarme el *Correo de la Moda*, y allí leí el bello y entusiasta artículo que con el título de *La Mar* ha escrito el señor Capdepon para refutar benévolamente el que con el mismo título escribí yo.

Aseguro á usted que me ha sorprendido la polvareda que ha levantado lo que dije de la mar en el peñon de Machichaco. No es sólo el señor Capdepon el que ha salido á la defensa de aquella respetable señora: tambien el señor Bustillo ha abogado por ella en *La Abeja Montañesa* á peticion de las olas que han ido á verle á Santander con ese objeto y le han dicho que la mar, su señora madre, está furiosa conmigo, y por último, sé que otros escritores se preparan á sacudirme el polvo si no doy cumplida satisfaccion á la ofendida.

Digo que me ha sorprendido la indignacion con

que los muchos apasionados de la mar han leido el *capítulo* publicado en *La España* y reproducido por la mayor parte de los periódicos españoles, porque yo creia que los renglones con que adicioné los trazados en el cabo de Machichaco eran más que suficientes para que se me perdonase el haber dicho á la mar las verdades del barquero, que, entre paréntesis, no son las que el vulgo supone, sino las picardías que dicen los barqueros á la mar al ver las partidas serranas que esta señora les juega.

En el libro á que pertenece el capítulo que tanto escándalo ha causado, aparecerá otro con el título de *La mar desde lejos*, y leyendo este capítulo verán la mar y sus amigotes que si no me he mordido la lengua para decir á la mar lo mucho malo que se puede decir de ella, tampoco me la he mordido para decir lo mucho bueno que de ella se puede decir; pero mientras el libro aparece, tranquilice al señor Capdepon esta carta, como espero ha de tranquililizar al señor Bustillo otra que voy á dirigir á sus defendidas las olas, por conducto de un ordinario llamado Ibaizabal, que pasa todos los dias por mi puerta (1).

_____

(1) Ni el capítulo *La mar desde lejos* ni la *Carta á las olas* van en este libro, y es por la sencilla razon de que aún no se han escrito. Si el público desea leer uno y otra, tiene un medio muy fácil de conseguirlo: apresúrese á comprar la primera edicion de los *Capítulos de un libro* y verá qué pronto sale la segunda adicionada con el capítulo y la carta en cuestion.

Para probar el señor Capdepon que hay horrores que se deben cantar, cita al ciudadano que abandona su dichoso hogar, y empuñando las armas lidia valerosamente por la patria. «¿No ha de tener el poeta, añade, un canto en loor del valiente ó un suspiro á la memoria del mártir? ¿Y hay nada más noble que la guerra?»

Sí, contesto, merece cantos y lágrimas el valiente; pero lo sublime, y por consiguiente lo digno de ser cantado, es el patriotismo del guerrero y no la guerra. La guerra, considerada sólo como guerra, es un acto horrible é indigno de ser cantado: pertenece á lo *feo*, que es lo opuesto á lo *poético*.

«Nada hay, continúa el señor Capdepon, tan bello como la mar, que tantos misterios encierra en su inmensidad, tanta armonía en sus murmullos, tanta majestad y sublime grandeza en sus tempestades.»

El señor Capdepon cree que nada hay tan bello como la mar, y yo creo que nada hay tan bello como la tierra. Esto va en gustos, y sólo nos falta averiguar si merecen palos los del señor Capdepon ó los mios. ¿Que la mar encierra muchos misterios? Por eso me da mucho miedo. ¿Que tiene mucha armonía en sus murmullos? Ni siquiera conoce la escala. ¿Que tienen sus tempestades majestad y grandeza? Dios nos libre de horrores, aunque sean sublimes.

«Y ¿no reporta ningun beneficio al hombre ese

Océano proceloso?»—De las vívoras se extrae la
triaca, y á pesar de eso, las vívoras no me parecen
cantables. «¿No contribuye poderosamente á la armonía universal?» Tambien ha dicho Ruiz de Alar-
con que sin tinieblas tendria el mundo la luz en
ménos, y aunque esto sea cierto, éslo tambien que
la luz es más hermosa que la oscuridad.

Estoy conforme en cuanto á que las brisas marinas, templadas en invierno y frescas en verano, ofre-
cen una compensacion á los ardores de Julio y los
hielos de Diciembre, y lo estoy tambien en cuanto á
la benéfica influencia que esas brisan ejercen en las
naturalezas débiles y enfermizas.

Al hartar de picardías á la mar en el peñon de
Machichaco, no me era desconocida la teoría de la
formacion de la lluvia; ya habia leido los cálculos
del doctor Halley, segun el cual, en las doce horas
de un dia de verano se elevan de la superficie del
Mediterráneo vapores cuyo peso, salvo error del
romanero, asciende á 528 millones de quintales (no
dice el doctor si son quintales machos ó hembras)
los que convertidos en lluvia descienden á la tierra
fecundando y consolando los campos; pero dije para
mí:—Esa señora no hace más que restituir á la
tierra lo que á la tierra ha chupado, y si lo resti-
tuye no es por su gusto, sino porque se le escapa.

Dice el señor Capdepon que la mar es el único

espejo que puede reflejar el cielo, y la única imágen, aunque mezquina, de la inmensidad del poder del Criador. Yo opino que la grandeza y la sabiduría del Criador están mejor representadas en la tierra que en la mar. Despues de asegurar con la mano puesta sobre mi corazon creyente y respetuoso, que no prescindo del santo respeto que al Criador debemos todas las criaturas, añadiré que cuando subo á la cumbre del Sarantes y desde allí contemplo la tierra y la mar, la primera armónica, variada, bella, perfecta, y la segunda informe, monótona, triste y al parecer inútil para la humanidad, me digo:—Si no supiéramos que Dios hizo el mundo por la fuerza de su voluntad y no por la de una operacion mecánica, diríase que fundió la materia de que iba á hacer el mundo y al echarla en el molde se le escapó una parte del líquido, y esta parte es el agua del mar á la que el Señor dijo:—En castigo de tu rebeldía, permanecerás hasta la consumacion de los siglos sin formar parte de la hermosa obra á que yo te destinaba.

El señor Capdepon ve en la línea vaga é indecisa del horizonte marítimo la imágen de la ventura que nunca se ha de lograr en la tierra; ve en la mar dormida la imágen de una alma tierna, inmaculada, virgen é inocente, que desconoce aún las pasiones que han de agitar su vida; ve en la mar otra por-

6

cion de imágenes no ménos bellas y filosóficas que
estas ; pero esto no prueba que la mar sea hermosa:
prueba que lo es la imaginacion del señor Capdepon.
Pensamientos muy trascendentales y moralmente
grandes y hermosos acuden á nuestra mente en presencia del cadáver de una mujer hermosa á quien
roen ya los gusanos; pero esto no quiere decir que
aquel cadáver sea hermoso. La poesía «que no se ha
hecho para cantar lo feo» no debe cantar el cadáver
en putrefaccion. Que cante el alma radiante y hermosa que se ha exhalado de él. La poesía es como
el alma, que se aparta de la podredumbre.

Estoy *casi* conforme con la siguiente definicion
que el señor Capdepon hace de la mar:

«La mar es hermosa como la mujer que amamos,
temible como la mujer que nos aborrece, soberbia
como el hombre, mudable como la dicha, amarga
como el desengaño, desconocida como el corazon.
infinita y omnipotente como Dios.»

La mujer que amamos es hermosa *porque sí*, es
decir, porque nos lo parece, y yo quiero que las
cosas sean hermosas porque lo sean. Por consiguiente
el que la mar se parezca á la mujer que amamos, no
me parece razon bastante para que yo la diga ¡ qué
hermosa es usted ! Tampoco estoy conforme con que
la mar es omnipotente como Dios. A pesar de toda
su soberbia y sus espumarajos y sus bufidos, va un

hombre á la playa, coloca sobre la arena una piedra, echa sobre la piedra una pellada de cal hidráulica, sobre la cal coloca otra piedra y así va levantando una pared; lo ve la mar y hecha una furia del infierno va allá, y por más que rabia y brama y empuja y se da testaradas contra la pared, no la puede derribar ni puede saltar por ella. Si fuese cierto que la mar es omnipotente como Dios, resultaria ¡ qué horror! que podia más que Dios el ingeniero hidráulico Pedro Fernandez.

Otra prueba de que la mar no es omnipotente, es que tiene que sufrir ancas, pues hasta la miserable chanela del pescador de ostras se monta en ella y por más que refuñuñe y se retuerza y dé respingos y eche espumarajos de rabia, tiene que sufrirla.

Por último, el señor Capdepon dice que si la mar devora á los hombres, la culpa tienen estos que van á tentarle la paciencia. Pues qué, ¿esa señora es acaso de la familia de los mírame y no me toques? ¿Queria ocupar la mitad de la tierra sin servir más que de estorbo? Que se quite del medio y verá cómo en las llanuras que ella ocupa cogemos buenas cosechas de frutas y cereales. Cerca de Bilbao tenemos ya una prueba de que la mar nos haria un gran favor yéndose á otra parte con la música, ó sea con la armonía de sus murmullos. Hace unos cuantos años ocupaba las llanuras de Lamiaco, y á pesar de su

omnipotencia, tuvo que largarse de allí con un puntapié que le dió el ingeniero Pedro Fernandez, y ya
aquella llanura está cubierta de vegetacion y el
trigo y el maiz brotan allí lozanos y hermosos por
más que rabie y pugne la orgullosa y egoista señora
por avanzar á destruirlos.

Tenga entendido el señor Capdepon, cuyo talento
y florido ingenio admiro y estimaba en mucho hacia
tiempo; tenga entendido el señor Bustillo, á quien
quiero en el triple concepto de lo mucho que vale su
talento, de lo mucho que vale su corazon y de lo
mucho que vale la fraternal amistad con que me
honra; tengan entendido todos los adoradores de la
mar (que tiene muchos como todas las saladas y vo-
lubles), que aunque se trate de agua, haré justicia á
secas á la mar en otro *capítulo* que, lejos de quitar adoradores á la mar, aumentará su número,
porque además de revelar encantos que aquella señora tenia hasta aquí ocultos ó poco ménos, le dará
la celebridad que da siempre la discusion. Por lo
demás, yo como hombre de bien y como vascongado, no puedo menos de hacer justicia á la mar que
ronda mi tierra nativa y en cuyo turbulento seno, si
han derramado los vascongados muchas lágrimas,
tambien han alcanzado muchas glorias.

Como el *Correo de la Moda*, además de ser el periódico de la elegancia, es el consejero y el amigo

de la familia, me importa mucho que sus lectoras
me tengan en buen concepto. Por eso ruego á usted
que dé cabida en él á esta desaliñada carta de su
buen amigo y S. S. Q. B. S. M.

ANTONIO DE TRUEBA.

Bilbao 8 de Abril de 1864.

estudiaba para clérigo, y fué una pascua de Navidad
á su casa. Salieron los tres hermanos de caza, y
como se les perdiese un halcon, llegaron buscándole
hasta la Cerca.

Al verlos Martin Ruiz, se holgó mucho de su llegada y los convidó á cenar y hospedarse en su casa.
La hija de Martin, que no tenia vocacion de monja,
vió el cielo abierto cuando vió á los tres mancebos,
porque por el casaron donde vivia encerrada no parecia un hombre ni para un remedio, fuera de unos
cuantos hombres de armas más ásperos que el erizo
y más feos que demonios, y su padre y sus hermanos que se iban á picos pardos por los lugares del
contorno, sin pensar que la pobre muchacha tambien tenia su alma en su almario.

Por su parte el estudiante se quedó haciendo cru-
ces cuando vió la hermosura de la hija de Martin.

No se sabe cómo demonios se las compusieron
aquella noche, pero lo cierto es que Lope y la hija
de Martin se vieron y se hablaron á solas, y la chica,
á la mañana siguiente, cuando desde lo alto de la
torre vió que los tres huéspedes se alejaban monta-
dos en sendas mulas, se echó á llorar como una
Magdalena.

Viéronla llorar sus hermanos y le preguntaron qué
tenia.

—¡Qué he de tener! contestó la muchacha, que

los estudiantes estudian con el enemigo malo para
llevarse el corazon y la honra de las muchachas en
cuya casa se hospedan.

Los hijos de Martin, que no tenian pelo de tontos,
adivinaron, como si lo hubieran estado viendo, lo
que habia pasado entre su hermana y el estudiante,
y echando sapos y culebras contra los cazadores, se
armaron de todas armas, montaron en caballos cor-
redores y corrieron tras de los de Salazar.

Los de Salazar eran valientes como todos los de
su linaje; pero como iban casi desarmados, los de
la Cerca hicieron mangas y capirotes de ellos. Los
de la Cerca mataron á Lope, y si no hicieron lo
mismo con Gonzalo y Garci, fue porque estos juraron y perjuraron que ni siquiera tenian noticia del
buen rato que su hermano habia pasado en la torre
de la Cerca.

Vueltos á casa los hijos de Martin, noticiaron á
su padre que su hermana y el estudiante habian des-
honrado á toda la familia, y que estaban decididos á
quitar del medio á su hermana como habian quitado
al estudiante. Martin se puso como un basilisco con
su hija sin acordarse de que él no era ningun santo,
como lo probaba la bastardía de sus hijos; pero como
la muchacha era una alhaja, concluyé por salir á su
defensa oponiéndose á que se la matara y aquietando
á los cascarrabias de sus hijos con la promesa de que

la meteria en un convento donde no volviera á
darle el sol.

Cuando Martin iba á cumplir esta promesa, su
hija le dió la noticia de que muy pronto iba á ser
abuelo, con lo cual el buen señor se volvió chocho,
porque no tenia heredero legítimo y le hacia muy
poca gracia que los bastardos se regodeasen con su
casa y hacienda así que él cerrase el ojo. Ya podia
haber pensado en esto cuando su pobre hija se que-
maba la sangre entre cuatro paredes pensando que
iba á quedarse para vestir imágenes!

El nieto de Martin Ruiz de la Cerca fué un chi-
carron como un ternero, y Martin le crió con mucho
mimo y regalo despues de darle el nombre de Lope
como su padre el de Salazar.

Creciendo, creciendo, se hizo Lope un moceton
como un castillo, y á los veinticinco años era ya
famoso por lo valiente y enamorado. A Martin se le
caia la baba contando y oyendo contar las hazañas
de su nieto, y así cuando recibia la noticia de que
su nieto habia vencido al moro más valiente de la
morería, como cuando recibia la noticia de que habia vencido á la doncella más hermosa de las merindades, exclamaba el pobre viejo reventando de orgullo:

—¡No, ese no niega la casta!

Un dia dijo para sí Martin:

—Es lástima que ese chico no se luzca en la córte,

donde de seguro se quedan vizcos si lc ven. Nada, nada, hay que llevarle á la córte, porque á los muchachos, por modestos que sean, les gusta pintar un poco la cigüeña.

Pocos días despues, el hidalgo de la Cerca se plantó en la córte, que á la sazon estaba en Toledo, acompañado de su nieto. Era este tan gallardo y tan gitano y tan qué sé yo, que sólo con verle les brincaba el corazon y les bailaban los ojillos á las muchachas de la córte.

Cate usted que apenas llegan á la córte se presenta en esta un morazo de Berbería diciendo que quiere pelear á pié con el más pintado de los caballeros cristianos. Muchos caballeros pelearon con el moro, que era un barbarote con más fuerza que un toro y más valor que el Cid, y el moro los venció á todos, de modo que ya no habia quien se atreviese con aquella fiera.

—¿Sabe usted lo que digo, abuelo? dijo á Martin su nieto al ver al moro echar plantas y alabarse de que en toda la cristiandad no habia quien pudiese con él. Pues lo que digo es que quien le va á meter mano á ese pedazo de animal soy yo, si usted y el rey me lo permiten.

Martin se echó á llorar de alegría al ver los brios que tenia su nieto, y presentándose con este al rey le dijo:

—Señor, este chico, que es nieto mio y no niega la casta, es quien va á poner las peras á cuarto á ese Fierabrás. Dele V. M. (1) licencia para pelear con él y verá qué pronto le mete el resuello en el cuerpo.

El rey, más alegre que unas castañuelas con la esperanza de que el moro no volviese á la morería riéndose de los cristianos, dió la licencia que Martin solicitaba para su nieto y al dia siguiente, en presencia del rey, de los caballeros y de las mejores chicas de la córte, la emprendió Lope García con el bruto del moro.

Linternazo por aquí, linternazo por allí, aquí te pillo; allá te cojo, el nieto de Martin Ruiz derribó al moro, le cortó la cabeza, le arrancó una almegía de seda negra que traia con un escudo colocado en el pecho y en el escudo trece estrellas de oro colocadas de tres en tres y una abajo, y con la cabeza en una mano y la almegía en la otra, se fué delante del rey que habia estado viendo la fiesta, y doblando la rodilla le dijo:

—Señor, aunque está feo que uno mismo se alabe, me parece que me he portado como un hombre. Las armas de la Cerca, que son cuatro almenas con capitel blanco y las de Salazar que son dos torres alme-

_____

(1) Ya sé que este y ctros tratamientos no estaban en uso entonces, pero ¿quién repara en pelillos tratándoze de historias genealógicas?

nadas, no son malas que digamos; pero yo quisiera que V. M. me diese por armas para mí y mis sucesores *in secula seculorum*, amen, las trece estrellas que le he quitado á ese bruto.

—Con mil amores, contestó el rey. Tú las has ganado y son tuyas y muy retuyas.

Y á todo esto los caballeros no paraban de aplaudir y victorear al valiente vencedor del moro y las mejores chicas de la córte se le querian comer de entusiasmo.

Al dia siguiente, el abuelo y él tornaban á su tierra cargados de regalos y gracias que les habia hecho el rey y luciendo en sus escudos las trece estrellas de oro en campo colorado, que hasta hoy ha conservado el linaje de los Salazares, cuya casa heredó con la de la Cerca el nieto de Martin Ruiz por haber muerto sin hijos sus tios Garci y Gonzalo.

Este es el orígen de los Salazares tal como le han averiguado los reyes de armas, que para estas cosas son el mismísimo demonio. Demos ahora á conocer algunos de los varones mas ilustres del mismo linaje, no trepando por su noble árbol genealógico, sino saltando de rama en rama.

II.

BRAZO DE FIERRO.

Saltamos por encima de algunas generaciones, y nos encontramos con un García Lopez de Salazar, señor de la casa primitiva de su apellido y de las de la Cerca y Calderon de la Barca, alcaide del Busto, uno de los comisionados para la voluntaria entrega de Alava á la corona de Castilla en 1332, y prestamero de Vizcaya y Merino de las Encartaciones.

Llamábanle Brazo de fierro porque era hombre de fortisima musculatura y de ánimo esforzado, y aquí debo advertir que los Salazares no emplearon su valor y poderío sólo en las guerras de linaje á linaje, no: en la lucha de siete siglos que España sostuvo para arrojar de su suelo á los mahometanos, los Salazares derramaron mucha sangre y dieron altos ejemplos de su amor á la patria y á la fe.

Garcia Lopez de Salazar falleció en el cerco de Algeciras en 1344 hallándose con las armas en la mano al servicio del rey D. Alonso XI, contando ciento treinta años de edad y habiendo engendrado dos hijos legítimos y ciento veinte bastardos.

¡Ah! si le hubiese conocido el bueno de Martin Ruiz, con qué orgullo hubiese exclamado:

—¡No, ese no niega la casta!

Cuéntase que García tuvo su primer hijo á la edad de quince años en una doncella de Nograro, y el último á los ciento veinticinco, ó sean ciento diez años despues.

El cuerpo de este mónstruo de la naturaleza se embalsamó en el mismo campamento donde murió de muerte natural, y se trajo á la colegiata de Valpuesta donde 436 años despues no se habia consumido. D. Rafael de Floranes, autor de una destartalada biografía de otro Lope García de Salazar, de quien luego hablaré, cuenta que segun le dijo en 1773 en Vitoria D. Juan de Alegría, canónigo de Valpuesta, por una rotura del sepulcro de Lope García, se alcanzaba á tentar la piel de los brazos, que era tan recia como la baqueta de Moscovia.

III.

MATUSALEM SEGUNDO.

El Salazar á quien llamo Matusalem segundo, porque el nombre de Matusalem primero corresponde
de derecho á Brazo de fierro, es Juan Lopez de Salazar, hijo legítimo de Lope García y el primero de
su apellido que dejó las merindades de Castilla para
establecerse en Vizcaya.

Juan Lopez casó con una hija de Diego Perez de
Muñatones, llamada doña Inés, que siendo doncella y hallándose en la torre de Achega en ocasion
de pelear los de su linaje y los Marroquines, recibió
un saetazo en el bajo vientre. Diego Perez dió á
Juan Lopez el solar de San Cristóbal, en Sopuerta,
para que morase allí con su mujer. Y ya que hablo
del solar de San Cristóbal, quiero contar cómo llegaron á poseerle los Salazares, porque este relato
da noticias no despreciables de las costumbres de la
edad media.

Habia en el valle de Sopuerta dos familias rivales, que eran la de Mendieta y la de San Cristóbal. La primera tenia su solar en Carral, donde todavía hay personas que conocieron las ruinas de la torre de Mendieta, situada en una alturita, á la derecha del' camino, en el sitio que lleva su nombre. El solar de los de San Cristóbal estaba en la Baluga, en el barrio que tambien conserva el mismo nombre y donde no hay memoria de haberse conocido torre alguna.

Vinieron á las manos ambos linajes en los campos de la Baluga, y este combate fué tan desastroso para los de San Cristóbal, que murieron alli todos aquellos caballeros, que eran el padre, dos hijos y dos sobrinos, y dejaron por su heredero á Lope García de Salazar con quien estaban emparentados por la línea de Salcedo.

Lope García desafió á los de Mendieta por la muerte de sus parientes los de San Cristóbal, y como no admitiesen el desafio porque los salazariegos eran muchos y ellos pocos, Lope salió de su casa de Nograro, allende las peñas, con quince hombres de á caballo y diez de á pié, y se encaminó á las Encartaciones.

Por aquellos tiempos monopolizaban los judíos el comercio, y era muy comun hallarlos en los caminos la mayor parte de las veces reunidos en cuadrillas para defenderse mejor de los ladrones y mal-

7

hechores, á los que hacian frente como Dios les daba
á entender al paso que se sometian con humildad á
las vejaciones y exacciones de los caballeros.

Lope García y los suyos se vistieron de judíos y
escondieron las armas bajo los mantos. Esto es
cuanto á los de á caballo que cabalgaban en sendas
mulas y llevaban gallinas muertas colgadas de los
estribos como solian hacer los judíos. En cuanto á
los de á pié, tambien escondieron las lorigas bajo los
mantos y llevaban en la mano las lanzas, porque
esta arma estaba permitida á los judíos peatones
cuando iban de camino.

Así llegaron todos á Avellaneda, cabeza foral de
las Encartaciones, situada á poco más de un cuarto
de legua de la torre de Mendieta. Allí dieron las gallinas á los de á pié á vista de las gentes que salian
á la calzada á verlos pasar, y les encargaron que se
adelantasen á Sopuerta á preparar la comida.

No habia entonces torre solariega cuyos señores
no se creyesen autorizados para poner á contribu-
cion á los judíos con pretexto de peaje cuando estos
pasaban por el camino ó el puente dominados por la
torre.

Cuando vieron los de Mendieta á los que ellos
creian judíos, salieron á pedirles el peaje, y cuando
más descuidados estaban y áun habian empezado á
recibirlo, los peones salazariegos descubrieron las

lorigas y empezaron á lanzadas con ellos. Los de á caballo, que á la sazon estaban ya muy cerca, al oir la vocería dieron de espuela á las mulas y llegando al sitio de la pelea, persiguieron á los de Mendieta hasta las puertas de la torre y mataron siete de los principales.

No se hallaban Juan Lopez y su mujer muy á gusto en San Cristóbal, porque la casa que allí tenian les ofrecia poca defensa y estaba dominada por unas torres yermas que habia en Obécori, donde se ocultaban y guarecian acotados y malhechores. Entonces su padre aconsejó á Juan que se acercase á a mar cuanto pudiese, «pues en ella, añadia, fallaria siempre conducho para matar la gana de comer» y Juan «cató» manera de poblar en Somorrostro que está una legua más abajo de Sopuerta, y donde sobre la ventaja de hallarse orilla de la mar, tenia la de estar más cerca de Baracaldo donde los Muñatones tenian solar.

El puerto de San Martin fué el sitio donde Juan Lopez de Salazar hizo casa en terreno que para ello le dió su suegro, y llamo á aquel sitio puerto, porque si hoy las aguas del mar quedan cerca de un cuarto de legua más abajo, es tradicion que antiguamente llegaban, sin duda por alguna canal, hasta el pié de la torre de los Salazares, y además el autor del *Libro de las buenas andanzas é fortunas*, de

quien más adelante hablaré largamente, llama puerto
á San Martin.

Juan Lopez no tuvo más que un hijo de su mujer
doña Inés, y este hijo se llamó Juan Sanchez ; pero
despues que enviudó, y siendo ya viejo, tuvo muchos
bastardos. Siendo prestamero de Vizcaya y merino
de la Encartacion á nombre de su padre , se ensañó
terriblemente en los Marroquines cuyo solar principal estaba en Monte-hermoso de Salcedo, donde
se alza aún, sombría y misteriosa, la torre de los
Marroquines que hoy es conocida con el nombre de
torre de la Jara.

Como prueba de la dureza de Juan Lopez voy á
citar dos hechos.

Poco despues de haber casado con doña Inés, se
hallaba en Bilbao, y sabedor de que Juan Marroquin,
hijo bastardo de Sancho Ortiz Marroquin, estaba en
Güeñes acompañado de catorce acotados, que este
nombre se daba á los que andaban pregonados y
fugitivos de la justicia, reunió buen golpe de gente
de los suyos, y así que anocheció, tomó Cadagua
arriba. Los Marroquines se encerraron en una casa
fuerte de Güeñes resueltos á defenderse á todo trance
si el merino no les salvaba las vidas. Atacáronlos
reciamente los salazariegos, y al fin los Marroquines
prometieron entregarse si Juan Lopez les daba palabra de presentarlos vivos á D. Juan. Entonces era

señor de Vizcaya D. Juan Nuñez de Lara, y á este
D. Juan aludian antonomásicamente los acotados.
Dióles el de Salazar palabra de presentarlos á don
Juan, y con esto se le rindieron; pero llevólos en
seguida á la iglesia de Santa María donde había un
clérigo que se llamaba tambien D. Juan, y les dijo:

—Ahí teneis á D. Juan ante quien prometí pre-
sentaros.

Los acotados pusieron el grito en el cielo contra
aquella burla, y pidieron que los presentase á don
Juan Nuñez de Lara porque esto era lo tratado.

—Ni vosotros ni yo mentamos al señor de Vizcaya ni más D. Juan que éste que aquí vemos, les
contestó el prestamero. Confesaos con este, que hoy
mismo he de cumplir la sentencia y justicia en vuestros cuerpos.

Y los pobres acotados, entre los cuales habia caballeros que habian peleado valerosamente con los
moros en los campos de Castilla y Andalucía, fueron
empozados en el Cadagua frente á la iglesia de Santa
María de Güeñes. ¿Qué suplicio era este del empo-
zamiento? Ataban piés y manos al desgraciado, su-
jetábanle al cuello una gran piedra y arrojábanle al
agua! ¡Ay! ¡cuántos han espirado así bajo tus arcos,
oh puente vieja de Bilbao!

Otra noche salió Juan Lopez, de Durango, y caminando á la luz de la luna, llegó al amanecer á la

torre de Achega. Púsose con los suyos en acecho,
y al abrir los mozos las puertas de la torre para
echar al campo el ganado, lanzóse dentro el prestamero y sorprendiendo á unos acotados que allí se
guarecian, los empozó, y quemó y derribó la torre.

Estas justicias excesivamente duras que hizo Juan
Lopez, trajeron grandes enemistades á los Salazares, y Juan Sanchez, hijo y sucesor de Juan Lopez,
las pagó bien caras, teniendo casi toda su vida que
lidiar con los enemigos concitados por su padre, á
quien tal vez puede servir de disculpa la severa rectitud de su carácter.

Siete años hacia que con poco más de una docena
de hombres de armas vivia Juan Sanchez encerrado
en la torre de San Martin, de donde él y los suyos
apenas se atrevian á salir, porque eran pocos y los
enemigos eran muchos.

Un dia al alborear, oyeron los Salazares gran vocería por todos los valles y montañas que avecinan
á San Martin, y pronto vieron que se iba juntando
muchedumbre de hombres armados en los campos
de Oyancas que son allende la ria de Musques. Aquel
mismo dia vieron que partian de Oyancas dos caballeros con seña de retadores, y atravesando las junqueras que mediaban entre San Martin y Oyancas,
y hoy vemos tornadas en hermosa vega donde el
trigo y el maíz crecen mas lozanos aún que crecian

Juan Yañez, que era animoso y se habia opuesto
á la tornada, siguió la via de Urquizu y los otros
tornaron á San Martin, donde Juan Lopez aprobó
su resolucion, porque se le habia, pegado la aficion á
los agüeros de su criado Martin de Carranza.

Juan Yañez logró al fin llegar á Urquizu y dió á
Avendaño el mensaje que llevaba de Juan Sanchez
de Salazar, reducido á pedirle por merced que admitiese en su casa y bando á los Salazares y los des-
cercase.

—Decid, buen caballero, á Juan Sanchez de Salazar y los suyos que yo los tomo por mios y que si
logran sostenerse tres dias en su solar, al cuarto los
descercaré con ayuda de Dios y á pesar de todos sus
malquerientes.

Esto contestó el de Avendaño. Dióle Juan Yañez
las gracias muy rendida y cortesmente, y despues de
asegurarle que los Salazares se sostendrian aunque
fuese veinte dias, tornó á Somorrostro muy alegre y
áun más alegres pusieron á los Salazares las buenas
nuevas que les llevó.

La mayor satisfaccion que por aquellos tiempos
tenia un caballero era desafiar á los enemigos en
nombre de géntes ó señores muy poderosos, y así
era que despues de desafiar en nombre del verdadero mandatario, se desafiaba por gala ó baladro-
nada en nombre de tal ó cual poderoso señor ó

monarca que para nada se acordaba del desafiado.

Juan Yañez, apenas llegó á San Martin, bajó á las junqueras y desafió solemnemente á los enemigos que estaban allende el rio, primero, por Juan de San Juan de Avendaño y luego por el príncipe de Gales, «que era el más poderoso señor de crístianos», según dice Lope García el cronista.

Alentados los Salazares con la ayuda que esperaban del de Avendaño, salian á escaramucear á las junqueras desde donde tornaban á su torre cuando las veian mal dadas.

Una mañana salió Juan Sanchez con los pocos que tenia á provocar á los enemigos que continuaban acampados en Oyancas. Sancho de la Sierra y otros del bando contrario pasaron el rio y se trabó la pelea en las junqueras. Viendo los Salazares que no los podian resistir, se fueron replegando á su fortaleza, desde cuyos adarves los animaba á pelear con valor el caduco Juan Lopez; pero ántes de llegar, Sancho de la Sierra mató á Lope de Retes, hermano bastardo de Juan Sanchez.

Al ver Juan Lopez que Juan Sanchez iba á meterse en la torre dejando muerto á su hermano, le gritó desesperado y ronco de pesar é indignacion:

—¡Oh, mal desconocido! ¿Cómo dejas matar á tu hermano? Torna, torna é muere con él, que mas te vale morir como hombre que vivir fuyendo como hembra!

Y Juan Sanchez y los suyos, llorando de vergüenza y rabia, tornaron á los enemigos, y alcanzando Juan á Sancho de la Sierra, le dió con la lanza en los muslos y le derribó y mató, y la pelea volvió á trabarse muriendo cuatro de cada parte.

Sabedores los del bando enemigo de que Juan de Avendaño habia tomado bajo su amparo á los Salazares y se aprestaba á socorrerlos y vengarlos, firmaron al dia siguiente paces y treguas que duraron largo tiempo.

El dia que siguió al de estas paces fué un dia tan hermoso, que la naturaleza parecia alegrarse con la paz de los hombres.

El pobre viejo Juan Lopez halló fuerzas en su alegría para subir á una hermosa campa esmaltada de flores que estaba en lo alto de la colina que domina á San Martin. Sentóse allí, y contemplando el verde y hermoso valle que se extendia á sus piés, y la mar azul é iluminada espléndidamente por el sol, que se extendia á su vista, se quedó plácidamente dormido pensando cuán dulce es el sueño de la libertad, que no habia gozado hacia siete años.

Ibase ocultando el sol tras los montes de Llangon, y pareciendo al viejo y leal Martin de Carranza que era ya hora de despertar á su señor, fué á despertarle y se encontró con que dormia el sueño de la muerte, aunque entreabria aún sus labios una plácida sonrisa.

Al dia siguiente llegó Juan de Avendaño con los caballeros de su bando, porque aún no era sabedor de que se habian hecho las paces entre los Salazares y sus enemigos, y toda aquella muchedumbre de caballeros y muchos más de la Encartacion acompañaron el cuerpo de Juan Lopez á San Pedro de Galdámez, porque el primer Salazar que se enterró en la iglesia de San Martin fué Ochoa, el padre del cronista, y hasta que murió este Ochoa, ya bien entrado el siglo XV, todos habian sido sepultados en el monasterio de San Pedro de Galdámez, al que tenian mucho amor, no sólo porque era suyo y encerraba los huesos de sus padres, sino tambien porque Galdámez era lugar tan solariego que nunca hubo en él labradores, ó como diríamos ahora, inquilinos ó colonos.

IV.

EL EMPOZADO.

Juan Lopez de Salazar, hijo segundo bastardo de Brazo de fierro, y llamado Juan Lopez de San Pelayo, tanto porque pobló y vivió en San Pelayo de Mena, como para distinguirle de su hermano paterno del mismo nombre, sobresalió notablemente entre sus ciento veintiun hermanos por su valor y su hidalguía.

Doña Sancha de Carrillo era cabeza del linaje de los Velascos, como madre y tutora de Fernan Sanchez de Velasco, que á la sazon tenia muy pocos años.

Esta doña Sancha habia perdido á su marido Sancho Sanchez de Velasco en una de las guerras sostenidas con los Salazáres y Calderones, y sedienta de venganza, no perdonaba medio de ejercerlá en sus enemigos é inspirarla á su hijo.

Como muestra de lo que eran las costumbres de aquellos tiempos, y sobre todo de lo que eran las de doña Sancha y los suyos, voy á referir un hecho. El linaje de los Velascos andaba dividido, y uno de sus hombres más notables conocido por Diego el Gallardo, porque era de gentil apostura, se propuso reconciliar y tornar en uno toda la parentela. Consiguiólo de todos los parientes menos uno que se negó obstinadamente á entrar en la liga. Diego cogió al díscolo y le puso un cencerro al cuello «para que fuese conocido doquiera que andase» obligándole sopena de muerte, á llevar siempre el cencerro pendiente del cuello con fuerte collar de fierro. Un dia estaba doña Sancha Carrillo con los suyos orilla del Ebro, junto á Oña, y el del cencerro se le escapó pasando á nado el rio. Doña Sancha soltó en pos de él sus perros alanos que le alcanzaron y sujetaron hasta que pasó allá Pedro Ruiz de Bárcena y le cortó la cabeza por encargo de doña Sancha.

Si esta señora viviera en nuestros tiempos, de seguro no faltaria en las corridas de toros.

Tenia privanza doña Sancha con el rey D. Alonso, y consiguió que este depositara en ella la justicia. Entonces trajo por Adelantado á Fernan Perez de la Orden, y juntando con ayuda de los Angúlos 40 hombres de á pié y 108 de á caballo, acometió al solar de Caniego donde vivia Sancho de Salazar á quien cortó la cabeza Fernan Perez.

Este Sancho de Salazar era sobrino de Brazo de

fierro, ó sea de Lope García el de los ciento veintidos hijos. A la sazon se hallaba Lope en Nograro, y juntando hasta 50 hombres de á pié y 280 de á caballo, entre los cuales se hallaban cuarenta hijos suyos, determinó ir á vengar á su sobrino y á socorrer á dos hijos suyos y algunos criados que estaban cercados por los Velascos en el solar de Caniego, y á quienes los enemigos querian quemar dentro de la casa.

Bajando Lope y los suyos á toda prisa por la peña de Angulo, llegarcn á la orilla del Cadagua. A la orilla opuesta del rio, estaba el solar de Caniego, y los que le asediaban se pusieron en batalla á la orilla del rio apenas vieron á los Salazares.

Los hijos de Lope eran todos mozos lozanos.

Viendo Brazo de fierro que la empresa era difícil por estar el rio por medio y ser mucha la gente enemiga, llamó á todos los suyos y dijoles estas palabras:

—Buenos criados y parientes, ya vedes que están mis criados é hijos entre poderosos enemigos, é yo querria que los acorriésemos ó muriésemos con ellos. No embargante, quiero remitirlo á vosotros, que yo en lo que acordáredes seré.

Oidas estas palabras, todos callaron sin saber qué decir, porque se les ofrecia alternativa muy fuerte: ó veian morir desamparados á los suyos ó exponian

sus personas á gran peligro por la muchedumbre de
sus enemigos.

Entonces, dice el cronista, díjole Juan Lopez
de San Pelayo, su hijo bastardo, segundo engendrado, que era mucho esforzado sobre los de su
valía:

—Señor, allí teneis dos hijos de cabra (1), y
aunque vos maten aquellos, vos quedamos otros
ochenta; pero tenedes allí tambien doce criados que
los criasteis de pequeños, y si aquellos habeis de ver
morir delante de vuestros ojos, malo fué el dia que
vos nacísteis é más vos valiera morir una muerte é
no dos ó más. Por ende, vayamos, lo mismo en esta
ocasion que en otras, á los enemigos, é matémonos
con ellos, é con la gracia de Dios yo mataré con
esta lanza cinco, é con esta espada otros cinco, é
otros cinco con esta daga, é á dentadas otros cinco
despedazaré. Vamos á ellos, é haga cada uno de
vos así.

E acabadas estas palabras, llamó á Barbaen de Ca-

---

(1) El cronista no dice *cabra*: emplea, lo mismo en esta ocasion que en otras, una palabra que yo no me he atrevido á re-
producir, porque tan melindrosos nos vamos haciendo en cuestiones de nombre, que si la reprodujese, hay madres de familia
que me llamarian atrevido y escandaloso y mal hablado, y no
consentirian á sus hijas leer este capítulo, al paso que les consienten leer las novelas más irreligiosas y obscenas. Dentro de
poco nos vamos á parecer á las damas inglesas que no se atre-
ven á nombrar las medias y cuando suben al carruaje enseñan
las ligas.

niego que era esforzado é estaba á caballo con ellos, é dijole:

—¡Al agua va Baco!

E dando espuelas al caballo, saltó en el rio é pasó de la otra parte, é saltaron en pos de él todos mucho ordenadamente, é rompieron por los enemigos derribando muchos de ellos, é llegaron á la espalda de la casa cercada, é saliendo bien acaudillados los que estaban en ella, dieron todos con los enemigos que estaban de cara para los recebir, é se trabó sañudamente la pelea.

El caballo de Lope García fué herido de muerte y Lope cayó con él enmedio de los enemigos. Allí hubo mucho derramamiento de sangre, porque los enemigos querian tomarle y los suyos le defendian, y por le tomar é le defender hobo ciento veinte golpes grandes é pequeños sobre las armas y en la carne.

En esta porfía mató Juan Lopez por su propia mano á Juan Fernandez de la Orden y á muchos más de los que habia prometido.

Los salazariegos tomaron al fin del campo á Lope García y le subieron en un caballo y continuaron hiriendo al enemigo, que no pudiéndolos resistir, tomó la huida. Y tales cosas hizo aquel dia Juan Lopez de San Pelayo que maravilló á amigos y enemigos. La misma doña Sancha que habia venido entre los suyos

8

fué presa, y murieron 120 de los Velascos y quedaron otros tantos ó más en poder de los salazariegos.

Lope García cortó la cabeza á Fernan Lopez de la Orden, que yacía muerto, y tomándola en la mano y dándose con ella en los pechos, gritaba:

—¡Oh sobrino, Sancho de Salazar, qué mal trueco tomo yo en esta cabeza por la tuya que él cortó malamente!

Y se tornó á su casa á güarir de sus llagas.»

En cuanto á doña Sancha, su prision sólo debió servir para dar Lope García una prueba más de que era blando de corazon con las hembras, pues á continuacion del capítulo que acabo de dar á conocer, escribe el cronista de San Martin el siguiente que voy á trasladar íntegro, porque es corto y está lindamente escrito:

«Continuándose la guerra entre estos Velascos é Angulos é Salazares, esta doña Sancha Carrillo de Velasco derribó la casa é palacios de Salazar que eran de Lope García, é tomó las maderas é tejas é escrituras, é salió á un campo para hacer con ello unos palacios é casa. E como lo supo Lope García, tomó consigo 50 de á caballo é 200 hombres de á pié é salió una noche de Nograro con la luna é amanecióle en Salazar. E como los vieron, todos los vecinos é carpinteros echaron á huir hácia el monte

que es cerca; é como él los vió así ir huyendo, lla-
mólos diciéndoles:

—Tornad acá, mis naturales é parientes, que no
tenedes culpa.

E tornados, dióles de comer allí con los suyos é
dió fuego á las maderas por cuatro lugares é tambien
á la teja. E así quemado, díjoles:

—Ahora, parientes é naturales, quedadvos á
Dios, que nunca más áquí me veredes; pero doña
Sancha ni los de Velasco nunca harán casa ni pala-
cio con lo que mis antecesores dejaron.

E tornóse á Nograro por la Sin-puerta adelante.»

«Juan Lopez de San Pelayo (dice el cronista) tuvo
é sustentó su vida é su linaje en tanto grado que
mandaba de Vitoria á Espinosa más que ningun vecino que hobiese.» Un hecho refiere Lope que prueba
la hidalguía, quizá mal entendida, pero hidalguía al
fin, de Juan Lopez.

Estaba este un dia comiendo en su casa de San
Pelayo, cuando se le entraron por las puertas seis
acotados ó pregonados y perseguidos por la justicia,
que iban huyendo de Pedro Nuñez de Avellaneda,
merino y prestamero de las Encartaciones por el
Señor de Vizcaya. Pidieron amparo á Juan Lopez, y
este les contestó que aunque le pesaba verlos en su
casa, no los desampararia. Poco despues llegó el
merino con toda su gente y el de San Pelayo mandó

cerrar las puertas y que se apercibieran á defender-
las diez hombres de á caballo y cincuenta peones que
áun en tiempo de paz tenia siempre en su casa para
su defensa. Dos alcaldes y dos escribanos llegaron á
requerir á Juan para que entregase á la justicia
aquellos malhechores.

—Decid al buen caballero de Avellaneda é á los
hijosdalgo de la Encartacion (contestó. Juan Lopez
muy cortesmente) que tales hombres no quisiera yo
que entrasen en mi casa ni me plugo en ello, ni sé
quien son, é pues es así, les ruego é pido con mucha
gracia que pues. con el temor de la muerte entraron
cuidando escapar de él con mi esfuerzo, por honra
mia é del mi linaje no quieran dar tal baldon é amen-
guamiento á mi casa é persona.

Pedro Nuñez, que erá mancebo muy soberbio,
replicó que le habia de dar los acotados ó él entraria
por ellos.

—Otra vez decid al caballero de Avellaneda que
no me quiera poner en tal prueba é será cosa que
yo mucho le agradeceré, contestó Juan Lopez.

El merino mandó cercar la casa por única contestacion, y entonces Juan Lopez dijo:

—Pues en el caballero de Avellaneda no hay más
manera de que me atienda, salgamos, mis parientes
y servidores!

Y lanzándose con su génte á los del merino, que

sólo estaban armados con ballestas y lanzas y eran gente de comunidad que no cataba uno de otro, mató 25 y prendió 100, cuyas vidas respetó el buen caballero de San Pelayo que á la sazon contaba ya sesenta años.

Veinte años despues, ó lo que es lo mismo, cuando Juan Lopez tenia ochenta, reinaba en Castilla D. Pedro, de quien el cronista dice que *era mucho criminoso.* Pedro Fernandez de Velasco ganó del rey una albalá para matar al de San Pelayo, y no atreviéndose á acometerle frente á frente porque era poderoso, determinó valerse de otro medio.

El de Velasco con 1.000 peones y 100 caballeros cercó á la villa de Arceniega que era de D. Tello, Señor de Vizcaya, y pidió á Juan Lopez de San Pelayo que le ayudase á tomar la villa mostrándole los poderes que tenia del rey para aquella empresa.

No recelando Juan Lopez el engaño, fué al cerco de Arceniega con 20 caballeros y 700 peones de los suyos, todos muy bien aderezados, y el de Velasco le recibió muy bien diciéndole que él haria relacion al rey de aquel servicio para que le galardonase.

Pasaron algunos dias y Pedro Fernandez no se atrevia á prenderle ni matarle, porque le decian los suyos que Juan Lopez era esforzado y tenia mucha gente de su linaje, y estaba en su comarca, y podian recibir gran daño ántes que le acabasen.

Un dia de mañana, dijo el de Velasco á Juan Lopez que fuese á comer con él á Villasana donde tenia algo que hacer, y que dejasen la gente hasta que á la noche tornasen.

Contestóle el de San Pelayo que le placía acompañarle, y se dispuso á partir con él. Decianle sus parientes que iba á buscar la muerte, y él, denostando su mal pensar, replicóles que no era Pedro Fernandez de Velasco caballero capaz de una alevosía, y que no le hablasen más de ello.

Montó Juan en una mula, y Lopico de Garavilla, su hijo bastardo, de diez y ocho años, le acompañó cabalgando en su caballo, y partieron sin que quisiese que fuese con ellos otro alguno de los suyos.

Llegados á Villasana, entraron á comer y le quitaron la espada y la daga y el manto para que se asentase. Comieron, é comido, quitaron los cuchillos todos de la tabla é salieron diez hombres de la cámara armados é prendiéronlo é aquel su hijo con él, é como lo vió dijo á su mozo de espuelas:

—Cabalga en la mi mula é ve á Arceniega é dí á los mios que curen de sí que lo mio hecho es.

E el mozo tiró á poder de cabalgadura é fuese haciendo grandes llantos.

Ataron á Juan Lopez é pusiéronle en una mula con un hombre á las ancas é decian que lo llevaban al rey porque así les era mandado.

Fueron á la puente de Caniego é díjole Pedro Fernandez:

—Juan Lopez, ¿dónde murió aquí Fernan Lopez de la Orden que vos decís?

—Aquí, respondió el de San Pelayo, aquí le corté la cabeza con la mi espada y á otros muchos de vuestro linaje. La vida me quitais, pero no podedes quitarme ochenta años que yo he vivido ensangrentando las mis armas é las mis manos en los vuestros, no con alevosía, mas sí en plaza é como todo hijodalgo debe hacer. La muerte que me dais, en los tiempos del mundo que de ella habrá memoria vos será retraida por aleve á vos é á vuestra generacion é á estos mis enemigos que son con vos en ella.

Los que habia dejado el de Velasco en Arceniega iban llegando é oyeron estas palabras.

Juan Lopez entristeció mucho é fué un rato callando é llorando.

Llegáronse á él muchos de los enemigos diciéndole duras palabras, é luego decian al de Velasco que le acabase, si no que ellos le acabarian con sus manos é se desnaturarian de él si luego no le empozaba.

Diéronles dos clérigos, á él uno é al hijo otro, é empozaron al hijo ántes por le dar mayor pesar, é luego empozaron á él no le dejando bien confesar. Los enemigos echáronle en el pozo del rio, é tan

esforzado se mostró, que cuando salia mostraba la
cara alegre. Como el agua era asaz pequeña, que
daba con los piés metidos en ella é salia la cabeza
sobre el agua é le daban los enemigos en ella con los
cuentos de las lanzas é algunos con los fierros, é
cada vez que así salia é le daban les decia:

.—Dad, dad, hijos de cabra, que si como tengo
una alma en un cuerpo tuviera cien, no vos podriades vengar de mí, que yo he sido tal en sacar sangre del vuestro linaje, que no lo podriades vengar
en otros trescientos tales como yo. Dad cuanto pu-
diérades, hijos de cabra!

E dábanle, é acabaron con este Juan Lopez que
era hombre alto é mucho membrudo é mucho ber-
mejo en el cabello y barba, é grande de fuerza, é
lleváronle á enterrar á la iglesia de San Pelayo que
era suya.

EL CRONISTA.

Antes de hablar de Lope García de Salazar, hablemos un poco de su padre Ochoa Lopez, hijo de Juan Sanchez y por consiguiente nieto de Matusalem segundo. Este Ochoa quedó huérfano de padre de muy corta edad, y durante su minoría, su linaje fué terriblemente perseguido y vejado por Pedro Fernandez de Velasco, que obtuvo la privanza del rey D. Enrique, y derribó todas las casas fuertes de Salazar que eran treinta y siete casas, entre ellas las de Nograro, la Cerca, Villapaderne, Berguenda, Oteo, Quincoces, Caniego, Malpica, Santa María de Zuaza y Ayala. Gonzalo Lopez de Salazar y Lope García. su hermano, se defendieron largo tiempo en la casa de la Cerca que era fuerte y tenia dos grandes cabas. Encerráronse en la iglésia de Santa María que estaba pegante, creyendo que no se atreverian los enemigos á quebrantar aquel lugar sagrado;

pero el de Velasco, que se conoce era hombre de
conciencia, llamó á los judíos de Medina de Pomar
(moros, dice Lope García, pero debe entenderse
judíos) y les dijo: Vosotros os habeis de condenar de
todos modos, y lo mismo os da ocho que ochenta.
Con que á ver si haceis polvo esa iglesia con la gente
que está dentro.

Los de Medina pusieron un trabuco delante de la
iglesia y la derribaron. Llevaron á Medina á los Salazares, y saliéndoles al encuentro Sancho Royz de
Santoliz que era su enemigo y otros tres de á caballo, les cortaron la cabeza junto á la iglesia de la
villa, y allí, dice el cronista, están dos muñecas de
piedra grandes por señal de sus muertes.

Lope García de Salazar, hijo de Ochoa, nació en
1399, y dió á su noble linaje celebridad y gloria
más imperecederas que todos los varones de su linaje. ¿Cómo? ¿Alcanzando en la primera entrevista
el último favor de la doncella más hermosa de Castilla? ¿Venciendo á un jigante tenido por invenci-
ble? ¿Viviendo ciento treinta años y engendrando
ciento veintidos hijos? ¿Edificando una soberbia fortaleza? ¿Desempeñando altos cargos y adquiriendo
grandes riquezas y dignidades? ¿Saliendo triunfador
de cien batallas? No: escribiendo un libro.

Antes de hablar de las letras hablemos de las
armas, porque la cronología lo exige así, no en ma-

nera alguna porque yo prefiera las armas á las letras, ni áun siquiera porque crea que se avienen las
unas con las otras. ¡Avenirse las letras con las
armas! Sí, como las palomas con las águilas. Señor,
que Cervantes y no sé cuántos más lo han dicho.
Sea muy enhorabuena, pero yo, aunque humilde y
desautorizado, quiero permitirme en esto como en
otras cosas, tener opinion propia. Respeto y áun
admiro á los que esgrimen noblemente las armas;
pero ¿casar las armas con las letras? Eh, yo no
puedo creer razonable tal consorcio.

No tenia aún Lope García diez y seis años cuando
tomó una ballesta y peleó en los campos de Santu-
llán con los Marroquines de Samano, con quienes
por tercera vez traia guerra su linaje.

Un año despues, salió de noche de la torre de San
Martin, y tomando rio arriba acompañado de siete
de los suyos, fué á Sopuerta y se ocultó en una casa
deshabitada cerca de la torre de Mendieta. El objeto
de Lope era sorprender á Lope Ochoa de Mendieta.

Salió este cón diez de los suyos, despues de
comer, á la era que estaba delante de la torre, y
lanzándose sobre ellos los salazariegos, Lope García
mató á Lope de Ochoa atravesándole de parte á
parte con su ballesta, visto lo cual los de Mendieta
se refugiaron en la torre y los salazariegos tornaron
á Somorrostro.

Seria cuento de nunca acabar el referir las peleas y aventuras en que Lope tomó parte durante los años siguientes. Muerto su padre, quedó por cabeza de su linaje y bando, y declaró la cuarta guerra á los Marroquines. Entonces tuvo uno de los pesares más grandes de su vida, y fué que sus sobrinos los del solar de Alcedo, en Sopuerta, se pasaron á los Marroquines, aliados á la sazon del conde de Haro D. Pedro Fernandez de Velasco, que desde sus torres de Medina de Pomar aspiraba á dominar las Encartaciones como dominaba las merindades de Castilla.

A consecuencia de una pelea habida en Castro, donde Fernando de Alcedo mató de un saetazo á Juan Urru de Otañez, del bando de los Salazares, desafió Lope García á los del bando contrario.

Fortaleciéronse los Marroquines con 140 hombres en las torres de Mendieta y Alcedo (1), y Lope García fué á atacarlos con poco más de medio centenar de hombres. Entre Mercadillo y Carral saliéronles al encuentro los Marroquines, y despues de pelear reciamente en la calzada y los nocedales de Santa Marina, los Marroquines abandonaron el campo yendo á refugiarse en las torres de Mendieta y Al-

(1) Todavia existen las ruinas de esta última en el barrio de su nombre, y en mi niñez los muros exteriores de aquella hermosa fortaleza se conservaban íntegros.

cedo, hasta donde los persiguieron los salazariegos.
En el campo quedaron muertos Martin y Furtado de
Alcedo, hermanos, y salió mal herido Peruchote de
Otañez que era otro de los que capitaneaban á los
Marroquines, y al dia siguiente se rindieron á Lope
García en la torre de Alcedo, Sancho García de Al-
cedo y 25 hombres que le acompañaban.

Nuevamente acudieron los Marroquines al conde
de Haro diciéndole que si no los ayudaba se verian
obligados á pasarse á los Salazares, y con tal motivo,
el conde que á la sazon se hallaba muy ocupado en
las guerras y bandos de Castilla, dió órdenes á su
hijo D. Fernando de Velasco para que auxiliase á
sus aliados. Tres veces penetró D. Fernando en las
Encartaciones por Valmaseda seguido de mucha
gente de Trasmiera, de Ruesga, de Soba, de Valde-
govia, de Losa, de Mena y de otras comarcas, re-
forzándose además con Ochoa y García de Salazar,
Pedro Fernandez de Murga y otros parientes de
Lope, quien dice que por falta de corazon se le tornaron enemigos.

Lope Garcia convocó todos sus parientes y aliados, entre ellos los Salazares de Castro, los Siones
de Mena y los Negretes de Carranza, y siempre valeroso y hábil, sin desanimarse nunca, unas veces
peleando en el campo, otras encerrado en sus fortalezas de Somorrostro y Portugalete, resistió victo-

riosamente al de Velasco, hasta que este, desespe-
ranzado de domeñar á aquel denodado leon, abandonó las Encartaciones por Gordejuela quemando á
su paso las torres de Allende y Largacha.

Los combates entre Salazares y Marroquines se
sucedieron durante mucho tiempo en las cercanías
de Castro, particularmente en la loma que se extiende desde Santullan á Brazomar dominando la
llanura de Sámano.

Murió Juan de Salcedo que tenia su casa fuerte
en la Cuadra, en el valle de su apellido, pues sabido
es que las jurisdicciones conocidas hoy por Güeñes
y Zalla llevaban entonces el nombre comun de valle
de Salcedo. La viuda de Juan era hermosa y rica, y
Fernando de Salazar, hijo de Lope, solicitó su mano
inútilmente. Una noche, Fernando de Salazar salió
de Portugalete acompañado de un clérigo y buen
golpe de gente armada, atacó la torre del difunto
Juán de Salcedo, la tomó y en el acto se casó á la
fuerza con la hermosa viuda.

Para castigar este atentado que trajo grandes disgustos á Lope García, aunque su hijo le habia cometido contra su voluntad, se coligaron con Lope
Hurtado de Salcedo, cabeza de este linaje, los
Marroquines de Salcedo y Valmaseda, Diego de
Traslaviña, los Ibargoen de Gordejuela, los Velascos de Mena y el prestamero de Vizcaya, Juan de

Mendieta, á quien siguió alguna gente de Bermeo.

Lope García recibió en Castro la nueva de esta formidable liga, pero no desmayó. Dejó allí á dos de sus hijos con alguna gente, y con 300 hombres bien armados, fué á la Cuadra. No tardaron en llegar. el prestamero y Lope Hurtado de Salcedo con 500 hombres, y pasando el rio con gran soberbia y gritería, dieron sobre Lope á quien acompañaban su hijo Fernando y otros hijos y parientes suyos. Lope salió al encuentro del enemigo. La pelea fué larga y sangrienta, pero los Salazares triunfaron lo mismo en la Cuadra que en el nocedal de Sodupe, donde se renovó aquel mismo dia con no menor furia, y la sostuvieron los hijos de Lope García.

Por aquellos tiempos D. Enrique IV habia sucedido á D. Juan II en el trono de Castilla, y por consiguiente en el Señorío de Vizcaya. D. Enrique, pues, vino en persona á Vizcaya para poner remedio á los bandos, que en las provincias Vascongadas como en la mayor parte de las de España, sostenian sangrienta guerra. De las Encartaciones desterró á Ochoa de Murga, á Juan de Salcedo, á Lope Hurtado de Salcedo y á Lope García de Salazar.

Este último fué desterrado por cuatro años á Jimena, en el campo de Gibraltar. Al llegar á Sevilla, enfermó de tercianas, y de tal gravedad, que como el mismo Lope cuenta, los físicos le dijeron

«que segun su edad ya no podia haber vida.» Un
caballero castellano que vive hace muchos años en
Vizcaya, suele decir que del Ebro abajo no se muere
nadie. A la salubridad de Vizcaya, donosamente en-
carecida en esta hipérbole, debió Lope García su
salvacion, pues regresando á su tierra sin esperar
el real permiso, que de esperarle hubiera llegado
tarde. recobró por completo la salud, y al fin el rey
le alzó el destierro y le perdonó el haberle quebrantado.

Esto era hácia 1457. En 1462 tuvo Lope el dolor
de que su amado hijo Lope muriese de una lanzada
que recibió delante del rey combatiendo la villa de
Torrellas, en Aragon. En 1467 sus hijos y parientes
se aliaron con los de Mugica contra los de Avendaño, á pesar de que Lope se lo habia prohibido
terminantemente, y en la singular derrota de Elorrio
murieron hasta cuarenta y cinco hijos y nietos de
Lope García. Llamo singular á aquella derrota porque pasó de este modo:

Obstinábanse los hijos y parientes de Lope García
en ir contra Avendaño, y Lope les dijo:

—Vosotros é yo somos tenudos de ayudar é defender el solar de Butron é de Mugica por naturaleza é compañía, pero no habemos razon ni causa de
ir á conquistar la tierra é naturaleza de Pedro de
Avendaño ca nunca yo ni mis antecesores lo ficimos.

A pesar de estas prudentes consideraciones, insistieron en que querian ir contra el de Avendaño, y entonces Lope exclamó:

—Non vayades, mis hijos é parientes, yo vos lo ruego, é si vais, yo vos echo la mi maldicion é ruego á Dios que vos eche la suya.

Aquellos obcecados caballeros partieron arrostrando la maldicion de su padre y pariente, y en Durango se juntaron hasta 4.000 hombres, entre ellos 80 de á caballo.

Los hijos de Lope García y otros escuderos de Butron hasta el número de 600 se adelantaron hasta las puertas de Elorrio para establecer el real y sentar las lombardas que llevaban para combatir la villa, quedando un poco más atrás con Juan Alonso de Mugica el resto de la gente.

De repente, no se sabe, dice Lope García de Salazar, si por traicion ó por misterio de Dios, los de Juan Alonso que eran más de 3 000 hombres, echaron á huir desordenadamente arrojando los paveses, aunque á nadie viesen ir contra ellos. Los de Avendaño que notaron aquel desórden, salieron de la villa á caballo y á pié y dieron sobre los que asentaban el real y las lombardas que no sabian la huida de sus compañeros. Resistiéronse los de las lombardas, pero fueron desbaratados y murieron allí los caballeros más notables, entre ellos Gonzalo de Salazar,

9

que era, dice su padre, el hombre más valiente y
esforzado que se fallaba entre los hombres, y de ello
dió pruebas ántes de sucumbir, porque despues de
haber sido herido en la cara de una lanzada, arrojó
el pavés y tomando la espada se defendió valerosamente hasta que su cuerpo se vió hecho una carni-
cería.

Cerca de 2.000 hombres, la flor de los caballeros
de Vizcaya, murieron á las puertas de la villa, y
otros mil perecieron en la huida, unos ahogados de
calor y sed y otros á los golpes de los contrarios.

El linaje de los Salazares perdió en aquel espantoso desastre 45 de sus mejores caballeros, pero aún
le quedaron á Lope García 85 hijos y nietos entre
legítimos y bastardos.

En 1469 perdió Lope á su mujer doña María
Alonso de Mugica, con quien habia casado en 1425
y de quien habia tenido seis hijos y tres hijas. Y á
propósito de hijos, debemos notar una circunstancia.
Sin duda para consolarse de la pérdida de sus hijos
y su mujer, que á la verdad debió apenarle mucho
en su avanzada edad de setenta años, Lope pidió al
amor sus consuelos y el amor se los dió dándole
unos cuantos hijos bastardos, porque en punto á
fecundidad, como en punto á valor, Lope García tampoco negaba la casta, como hubiera dicho el hidalgo
de la Cerca.

El dolor de los dolores de Lope García fué lo que le sucedió en 1471. Su hijo Juan, apodado el Moro por su mala índole, queria que el mayorazgo pasase á él. á pesar de que su hermano mayor, muerto en Elorrio, habia dejado hijos legítimos que le heredasen. Como Lope García no quisiese acceder á tal injusticia, su ambicioso y desnaturalizado hijo se apoderó de sus bienes y le cercó en la torre de San Martin.

Véase con qué sentidas frases alude el mismo Lope á este triste suceso explicando las circunstancias en que escribió uno de sus libros:—Estando, dice, en la mi casa de San Martin, preso de los que yo engendré é crié é acrecenté, é temeroso de mal bebedizo, é desafuciado de las esperanzas de los que son cautivos en tierra de moros que esperan salir por redencion de sus bienes ó por limosna de buenas gentes, é yo temiéndome de la desordenada codicia que es por levar mis bienes como yo los veia levar que no me soltarian; esperando la misericordia de Dios é por quitar pensamiento é imaginacion, compuse este libro.»

Ahora hablemos de las letras de Lope García de Salazar ya que hemos hablado más que suficiente de las armas.

El ilustre linaje de los Salazares, extendido hace ya siglos por toda España, ha dado á las letras hom-

bres de mucho valer, entre los que sólo citaremos á
D. Pedro de Salazar que historió la vida del emperador Cárlos V y las guerras con los moros hasta
1565, D. Agustin de Salazar, insigne poeta lírico y
dramático, y D. Luis de Salazar, afamadísimo cronista de Castilla, cuyas obras forman largo catálogo
y cuya librería es uno de los más ricos tesoros bi-
bliográficos que posee la real Academia de la Historia; pero la ciencia heráldica y arqueológica debe
mucho á nuestro Lope García de Salazar, porque
puede decirse que él fué el primero que le consagró
un monumento en la lengua castellana. Si Lope García de Salazar hubiera vivido en otros tiempos, es
seguro que hubiera consagrado su vida á las letras
y no á las estériles y desoladoras guerras de bandería; porque á pesar de lo poco que se prestaba su
tiempo al estudio y ejercicio de las letras, desde su
niñez se aficionó á esta clase de trabajo y no perdió
tal aficion hasta que perdió la vida.

Oigamos al mismo Lope en el prólogo de sus
Buenas andanzas é fortunas:—E porque yo Lope
García de Salazar..... obiendo mucha voluntad de
saber é de oir los tales fechos desde mi mocedad
fasta aqui, me trabajé de haber libros é estorias de
los fechos del mundo, faciéndolos buscar por las provincias é casas de los reyes é príncipes cristianos de
allende la mar é de aquende, por mis despensas, con

mercaderes é mareantes é por mí mesmo de esta
parte, é á placer de Nuestro Señor alcancé de todos
ellos lo que obe en memoria, por lo cual de todos
ellos é de la memoria· de los antepasados é .de las
vidas é vistas mias..... compuse este libro.»

Es lástima, y muy grande, que la librería del que
esto escribió desapareciese, porque en ella se encontrarian libros curiosísimos. La torre de San Martin no ha sido quemada ni saqueada desde los tiempos de Lope García. ¿Cómo, pues, no se han conservado en ella los libros de Lope como se conservaron
las armas hasta principios de este siglo? Las armas
servian á Juan el Moro para defenderse y los libros·
no. Quizá partiendo de esta consideracion pudiera
explicarse la desaparicion de los libros de Lope
García de Salazar, que por otra parte no debe
extrañarnos porque en nuestros tiempos, en que
apenas hay ya quien no sepa leer, ha arrojado al
rio el ayuntamiento de cierto lugar de España gran
cantidad de papeles antiguos que obraban en su
archivo, dando por única razon de tal barbarie «que
estaban escritos en letra que ya no se entendia.»

Dos son las obras escritas por Lope de que tenemos noticia : la primera es la conocida con el nombre de *Crónica de Vizcaya*, escrita por Enero·de
1454 en la torre de San Martin, con objeto de que
la conservasen sus sucesores. Este libro fué dado á

luz en tiempo del emperador Cárlos V por el rey de armas de este monarca Antonio de Varahona, que dijo haberle hallado en el monasterio de Oña entre ciertos papeles escritos en 1424 (1). La *Crónica de Vizcaya*, á la que Lope García parece haber dado poca importancia, pues ni siquiera le puso su nombre, no deja de tenerla, porque á vuelta de algunas noticias absurdas, contiene otras muy apreciables y que demuestran lo versado que era su autor en la historia.

La obra de Lope García verdaderamente importante y hasta singular por las circunstancias en que fué escrita, es la que lleva el título de *Libro de las buenas andanzas é fortunas.* «Compuse este libro, dice su autor, é escrebilo de mi mano é comencelo en el mes de Julio del año del Señor de 1471 años, é porque en él se fallarán muchas bienandanzas é acontecimientos de Estados que los príncipes é gentes venidas de las cuatro generaciones que son gentiles é judíos é cristianos é moros, obieron, é con ellos visquieron en honra é á su placer, otrosi obo

---

(1) En la impresion, sin año ni lugar, se dice que estos papeles estaban escritos en 1404; pero D. Rafael de Floranes prueba en la biografía de Lope Garcia de Salazar que debe entenderse en 1424. Lope Garcia nació en 1399, y aunque no hubiera otra razon, esta bastaria y sobraria para creer que la *Crónica* no se escribió en 1404. Creo, como Floranes, que en la impresion ó en las copias se puso equivocadamente un *cero* por un *dos.*

muchos dellos que con fortunas decayeron é fenecieron sus vidas miserablemente en mucho dolor é trabajo é angustia; otrosi porque yo lo fice é escrebí acompañándome la dicha fortuna, su nombre derecho debe ser *Libro de las buenas-andanzas é fortunas* que fizo Lope García de Salazar en XXV libros con sus capítulos é sus tablas é cada uno sobre sí de letra colorada.»

El libro de las *Buenas-andanzas é fortunas* es de historia universal y nacional, y una gran parte de él está consagrada al. orígen y entronques de los principales linajes de la costa cántábrica y al minucioso relato de las guerras de bandería que en los infelicísimos tiempos de su autor desolaban á esta tierra como á la mayor parte de España.

Este libro, y esto es lo verdaderamente singular, fué escrito, como dice su autor en el prólogo que he copiado, en la torre de San Martin cuando Lope estaba allí cercado por su ingrato y descastado hijo.

Hay, particularmente en Vizcaya, muchas copias más ó ménos exactas de la parte relativa á los linajes y las guerras de bandería, pero copia de toda la obra no conozco más que el magnífico códice que posee la real Academia de la Historia, y áun á este le faltan ya algunas hojas y tiene casi ilegible la parte de los linajes, sin duda por la frecuencia con que la han leido y manoseado los reyes de armas.

Este códice le copió del original en 1492 Cristóbal de Mieres por encargo del señor Ochoa de Salazar, preboste de Portugalete y nieto del autor. Es lástima que se haya perdido el original autógrafo; pero debe considerarse tal el códice de Mieres y con él se deben comprobar las copias que ofrezcan dudas. Estas copias son generalmente defectuosísimas, hasta las hechas con mayores pretensiones de exactitud. En mi poder tengo una de las mejores que corren, y apenas tenia un apellido de linaje ó nombre de lugar poco conocido que no estuviese estropeado. Y digo *tenia* porque ya no los tiene: por el cuidado con que he leido y estudiado el *Libro de las buenas-andanzas é fortunas*, por las comprobaciones que he hecho entre el códice de Mieres y otras copias, y por el conocimiento práctico que tengo de casi todos los sitios que nombra el autor y de los apellidos que cita, he podido, quizá mejor que ningun otro, enmendar los errores de los copistas.

Lope Garcia de Salazar, que como hemos visto se hallaba ya cercado en su torre en el mes de Julio, se rindió á su desnaturalizado hijo en Noviembre del mismo año de 1471 y en 1480 habia ya fallecido.

Su voluntad era que el *Libro de las buenas andanzas é fortunas* se conservase en la iglesia de San Martin. Muchos han creido que esta iglesia era

la de San Julian de Muzquiz, pero se han equivocado, pues la iglesia de San Martin no era otra que
la ermita ó capilla que aún existe cerca de la torre,
delante del palacio que posteriormente labraron allí
los Salazares. El señor Múrua, honrado y anciano
labrador que habita hace muchos años el palacio y
cuida de aquellos históricos monumentos, hoy pro-
piedad de la ilustre familia de los Mazarredos, encontró hace algunos años multitud de huesos humanos bajo el coro de la ermita al reedificar el ángulo
del mediodia que se vino abajo, y recogiéndolos cuidadosamente los colocó en el sitio donde habian per-
manecido siglos enteros. Refiriéndome esto el señor
Múrua me decia:

—Lo primero que me ocurrió al ver aquellos
huesos, fué que tal vez serian los de aquel sabio caballero que dicen compuso un libro en esa torre.

No pensaba desacertadamente el anciano: bajo el
coro de la ermita de San Martin tenian los Salazares
su enterratorio ó carnera, y allí deben descansar los
restos del autor de la *Crónica de Vizcaya* y de las
Buenas-andanzas é fortunas.

La soberbia torre en que se escribió el citado libro
y que aún subsiste conservando un fortísimo recinto
de murallas y señales de haber tenido otro recinto
y un foso, no es la construida por Juan Lopez, sino
la construida por su biznieto el cronista Lope Gar-

cía. El mismo cronista dice «que él fizo la casa de San Martin con todos sus edificios é derribó todo lo primero é fizo á medida de su altor las puertas que son en la sala de la torre mayor, por donde salen á las salas de fuera, porque los que de él viniesen supiesen el altor de su cuerpo.»

Es demasiado curioso el dato que acerca de la persona del cronista suministran estos renglones, para que yo no me detenga un poco en él. La puerta que dice Lope hizo de su altura debe ser la única que tiene el piso principal de la torre mirando al Mediodia. Hoy no hay fuera de la torre salas á donde se salga por ella, pero antiguamente pudo haberlas en el espacio que media entre la muralla exterior y la torre, estribando en esta y el adarve. Si realmente aquella es, como yo creo, la puerta á que se refiere el cronista, este debió ser de estatura no menor que la del personaje momificado que existe en la iglesia de San Agustin de Elorrio, cuya estatura viene á ser siete piés y medio. El capricho que tuvo Lope García de hacer una puerta á su altura, justifica la presuncion de que Lope fuese de estatura más que mediana, porque todos sabemos lo que es la vanidad del hombre, y aparte de esto, Lope, que tuvo pretensiones de construir un magnífico palacio, no hubiera consentido por un pueril capricho en hacer en aquel edificio una puerta que no correspondiese á su comodidad y grandeza. Hay además otro dato para presumir que Lope Garcia fuese de gran corpulencia. Una tarde se iba á trabar batalla en Sopuerta entre él y el de Mendieta. Este ocupaba con su gente la colina de los Cotarros y el de Salazar el pico del Cobijon, detrás del solar de los Rivas (1). Galin de la Gerra, del solar de Santa Gadea, y uno de sus parientes y aliados, parece que era hombre de poco corazon y tuvo la audacia de amenazarle con que se pasaria al bando de Lope Ochoa de Mendieta. Indignado Lope Garcia, le cogió con ambas manos por la cintura y le tiró á las aceñas del Pendiz que estaban al pié del pico donde hoy vemos un molino y una ferrería arruinada.

Vemos, pues, que Lope García el cronista, si no

---

(1) Hácia 1320 casó con Fernan Sanchez de las Rivas una hija de Juan Lopez de Salazar llamada doña Mayor, y asi se ha perpetuado allí casi hasta nuestros dias una rama de los Salazares. D. José Marcelino de Salazar, padre de D. Ramon y D. Eusebio, que aún viven, fué el último de su ilustre linaje que nació y se crió allí, y era tan aficionado á los recuerdos de su infancia y al hogar de sus padres, que despues de casado y establecido en Castro hallaba su mayor placer en ir á las Rivas y permanecer allí todo el tiempo que le era posible. Aún se conservan los árboles que él plantó y cuidaba con cariñoso esmero, y una casilla retirada en lo más delicioso y apartado de la huerta donde pasaba las tardes entretenido con alguuos compañeros de su infancia. Pero todos estos recuerdos no son ya más que recuerdos, porque árboles, palacio, jardin, casilla, todo parece llorar la ausencia y el abandono de sus antiguos señores, y se muere, más que de vejez, de tristeza. D. Joaquin de Palacio, que compró hace más de un año el solar de los Rivas, es caballero muy cumplido, pero no tiene tradiciones de familia que le encariñen con aquel triste solar.

tenia brazo de fierro como uno de sus antecesores, tampoco le tenia de cera.

El libro de las *Buenas-andanzas é fortunas* es fuente inagotable y deliciosa para los que tenemos sed de saber lo que pasó en los tiempos antiguos en esta cadena de montañas y valles que se extiende cabe el Océano desde Asturias al Pirineo, y no tiene precio para estudiar las costumbres de la edad media. Hay en él un capítulo en que el autor expone los motivos que tuvo para escribir de los hechos de su linaje y los suyos, y de este capítulo voy á copiar unos renglones muy dignos de ser conocidos. Hablando el cronista de sí mismo dice:

«Nunca cometió guerra contra persona del mundo á su entender y creer por soberbia ni contra razon, sino por guardar razon y honor suyo é de su linaje, ni quebrantó tregua non debidamente á sus adversarios, ni mató ni hizo matar á persona del mundo, ni fué en consejo de ello á traicion ni mala verdad sino á guardarte hé é guardame é á no lo poder excusar, é siempre puso justicia en su tierra en lo que pudo, é desdeñó ladrones é robadores, é siempre guardó verdad á todas personas en cuanto pudo, é quien contra esto al dijere, non dirá verdad.»

En cuanto al patriotismo de Lope García, hay en el libro de las *Buenas-andanzas* otro capítulo que le coloca muy alto y merece también ser conocido y vulgarizado.

En 1451 murió el doctor Pedro Gonzalez de Santo Domingo, corregidor de Vizcaya, y el rey D. Juan hizo merced del corregimiento á D. Juan Hurtado de Mendoza que era prestamero de Vizcaya.

Mendoza encargó á Ochoa Sanchez de Guinea (que desempeñaba en su nombre la prestamería) que se avistase con todos los escuderos señalados de Vizcaya y les hiciese saber que el rey le habia dado el corregimiento y deseaba que hubiese junta general en Guernica donde mostrase la cédula real y prestase el juramento de guardar la justicia y respetar los fueros y libertades de Vizcaya. Cumplió el de Guinea el encargo hablando separadamente á los caballeros mas notables y encareciéndoles la ventaja que tendria el Señorío en que Mendoza fuese á la par prestamero y corregidor, y fuese (dice Lope Garcia) por amor ó temor, ó por no descubrir sus intenciones, lo cierto es que todos parecieron acoger bien aquella noticia.

Ochoa Sanchez de Guinea pasó en seguida á la Encartacion y allí habló con Lope Hurtado de Salcedo, Ochoa de Murga, Juan Marroquin, Martin de Ibargoen, Salazar de Palacio, Diego de Largacha y otros caballeros principales de quienes obtuvo la misma benévola acogida.

Llegóse al fin Ochoa á Lope García y le dijo lo que á todos habia dicho, añadiendo que debia placerle á él más que á ninguno, puesto que Mendoza era su deudo.

Por cierto, Ochoa Sanchez, (le contestó Lope) sabe nuestro Señor que si el rey hubiera mercedes hecho al señor Mendoza de villas é lugares é señoríos en Castilla, pluguiérame y placiera mucho, é pusiera el cuerpo é la hacienda en lo ayudar á ello, pero en lo que toca á esto, sepades que me pesa é pesará siempre é si al dijere, mentiria, ca es perdicion de mi libertad é de todo el condado é Señorío de Vizcaya é de la Encartacion, é cosa que es en daño de la tierra non me puede placer. La merced que el rey ha fecho al señor Mendoza es desafuero é daño de Vizcaya, porque el prestamero, que es ejecutor, non puede ser corregidor, que es juez. Vizcaya observa siempre más libertades que otras tierras que los hombres saben é una de ellas es que el rey ha de dar á los vizcainos corregidor por vida é pàgado de sus dineros é no los ha de tomar por sentencia civil ni criminal é ha de ser letrado é del rio Ebro arriba porque no sea parcial. Guernica es cabeza de Vizcaya é yo no puedo remediar que allí se haga junta, pero iré allá é si los otros consienten el desafuero á daño de la tierra, no será sin que yo les diga la verdad.

Estas palabras disgustaron á Ochoa Sanchez que replicó :

—Por cierto, Lope García, mi señor Mendoza al contrario que no asi pensaba de vos; pero yo vos digo de su parte é la mia que si vos pluguiese será corregidor é si vos pesare tambien. Por ende, haced lo que vieredes que vos cumpla ca ni yo ni otro vos lo dirá más.

—Ya vos dije, Ochoa Sanchez, é vos decia bien é creed que otra vez vos digo que si en mi poder fuera complacer al señor Mendoza no haria yo al; ca le quiero por ejecutor comó mis antecesores, pero no por ejecutor é juez.

Asi se separaron y Lope García de Salazar convocó junta general en Avellaneda, y haciendo ver el desafuero y daño que venia de ser Mendoza prestamero y corregidor, todos los caballeros de la Encartacion juraron morir ántes de consentir que Vizcaya le admitiese por tal.

Convocada junta general en Guernica, fueron allá todos los de la Encartacion, y despues de oir á Lope García, «todos se juramentaron con los encartados de un acuerdo é una voluntad entendiendo que si consentian el desafuero habian perdido sus libertades é serian sujetos más que nunca.»

Invitaron á las villas á mostrarse parte en aquella cuestion, pero dijeron que como en las villas sólo ejercian la justicia los alcaldes, y por consiguiente el agravio era sólo á la tierra llana donde la ejercian el corregidor y el prestamero, no creian justo ni prudente darse por agraviados.

Entonces los de la tierra llana y Encartaciones mandaron procuradores al rey en súplica de que revocase el nombramiento de Mendoza, pero el rey no quiso oir á los procuradores y expidió hasta tres cartas confirmatorias que con arreglo al Fuero, fueron «obedecidas y no cumplidas.»

Juan Hurtado de Mendoza tomó gran enemiga á Lope García de Salazar, y obtuvo una carta del rey para prenderle en las juntas de Guernica si insistia en que no se le admitiese por corregidor. Reunióse la junta general y se presentó en ella Mendoza. Lope García de Salazar se dirigió tambien á Guernica con 1,500 caballeros de la Encartacion, y al llegar á Idoibalzaga, que es sobre Guernica, los que estaban ya en la junta le enviaron á decir que no fuese allá y asi se evitaria que el prestamero le prendiese y le añadian que ellos encontrarian medio de arreglarlo todo.

Temeroso Lope de que sin su presencia fuese admitido Mendoza por corregidor, respondió que en manera alguna queria abstenerse de asistir á la junta, que era uno de los mejores del condado cuyas libertades estaba obligado á defender, y que si Viz-

caya le desamparaba en vez de ayudarle á defender
las libertades de la tierra, acudiria en persona al
rey, su señor, pues no habia hecho cosa por que
temor hubiese.

A esto, iban llegando á Idoibalzaga todos los escuderos de la merindad de Uribe y le aconsejaron
que fuese á Guernica con ellos y los de la Encartacion como asi lo hizo. Al ver Juan Hurtado de Mendoza que llegaba el de Salazar con 3.000 hombres,
tuvo por conveniente abandonar á Guernica y tomar
el camino de Bilbao.

La junta general acordó que fuesen al rey Juan
Alonso de Mugica y Lope Garcia de Salazar para
defender las franquicias.y libertades del Señorío;
pero ántes que partiesen, murió el rey D. Juan, y un
año despues su hijo el rey D. Enrique aprobó la
conducta de los vizcainos, y poco despues vino á
Vizcaya, como lo habian hecho todos sus antecesores, á jurar que guardaria las libertades de esta
noble tierra.

La torre de San Martin permanece hoy solitaria,
olvidada del viajero, rodeada de zarzales, cegado su
foso, medio arruinado su doble recinto de murallas,
pero erguida, incólume, desafiando á los siglos. ¡Qué
recuerdos, Señor, acuden á la mente, y qué melancolía al alma del viajero que, como nosotros, al
dorar el sol con sus últimos y tristes resplandores

aquellas rotas almenas, recorre aquella cuadra donde hoy duermen mansas ovejas y un dia dormian los leones de forma humana del bravo Lope García; aquella sala del primer piso donde hoy guarda el pacífico Múrua el fruto de sus campos y un dia guardaban los belicosos Salazares sus ensangrentadas armas, y aquella segunda y última sala, hoy morada de inocentes palomas y otro tiempo vivienda y cámara nupcial de la ilustre hija de Juan Alonso de Mugica y Lope García de Salazar, que allí escribió sus inmortales libros, soltando de tiempo en tiempo la pluma para tomar la ballesta y al frente de sus leales servidores, defender la fortaleza acometida por las vívoras á quienes dió · el ser en aquella misma cámara!

Un dia vendrá, y quizá no está lejano, en que todo viajero que llegue al valle del Ibaizabal, continúe por esos hermosos campos de Baracaldo y vaya á escribir, temblando de emocion, algunas líneas en su cartera en la misma cámara donde Lope García escribió temblando de indignacion las *Buenas-andanzas é fortunas* y á sentarse bajo el roble de Memerea donde se sentó Fernando el Católico cuando en 1476, abandonando los brazos de la hermosa Toda de Larrea, fué á rendir la torre de San Martin donde se le habia rebelado el ambicioso Juan el Moro.

Alejandro Magno, cuando ganó y arrasó la ciudad

de Tebas, mandó que no demoliesen ni tocasen la casa de Pindaro. El mismo Alejandro se estremeció de dolor al saber que la casa de su maestro Aristóteles habia perecido en la ruina de la ciudad de Estagira y la mandó reedificar. El gran Constantino prohibió á los tutores y curadores vender las casas nativas de sus pupilos y menores. Y por último, Plinio dice que los que compraban casas solariegas estaban obligados á respetar los retratos de los que las habian habitado. Así veneraban en la antigüedad la morada de los hombres ilustres, así la casa paterna, así la memoria de los antecesores. ¡Dios quiera que la ilustre familia de los Mazarredos, que hoy es señora del solar de San Martin de Muñatones, no olvide estos ejemplos de la antigüedad!

EL VALOR.

Hubo un tiempo en que las palabras *Valor* y *Honor* eran sinónimas. Por eso el cónsul romano Cayo Mario erigió un templo de dos naves, consagradas, la primera al Valor y la segunda al Honor, y dispuestas de modo que no se podia penetrar en la segunda sin pasar por la primera.

Explicábase perfectamente la sinonimia del valor y el honor cuando todos los ciudadanos eran soldados y la guerra era el estado normal de los pueblos, lo cual sucedió hasta qué se organizaron los ejércitos permanentes. Entonces la primera virtud del hombre debia ser el valor. Considerábase al hombre nacido para pelear, y si carecia de valor, era un ser inúti á quien la sociedad no podia ménos de aborrecer. Verdad es que el hombre que no servia para la guerra podia servir, por ejemplo, para el cultivo de

la tierra ó para el cultivo de las artes ó las ciencias;
pero como lo único importante era la güerra y todo
lo demás era secundario, la sociedad despreciaba al
hombre que no servia para pelear, por más que sirviese para el cultivo de las artes ó las ciencias, como
desprecian nuestros campesinos al frutal que no da
fruta por más que dé flores y sombra. Explicándo-
nos en lenguaje más claro, aunque más vulgar, el
oficio del hombre era el de soldado, y el que carecia
de valor no sabia su oficio. ¿Qué estimacion haría-
mos nosotros del escribano que no sirviese para depositario de la fe pública?. Le despreciaríamos por
la razon de que no cumplia su mision en la sociedad.
Por la misma razon despreciaban los antiguos al
hombre que carecia de valor y por consiguiente no
servia para pelear. Y así como no tendrian mérito
alguno á nuestros ojos las virtudes secundarias del
escribano que careciese de la virtud principal, que
es conservar el depósito de la fe pública, así no le
tenian á los ojos de la sociedad antigua las virtudes
secundarias del hombre que carecia de la virtud
principal, que era pelear con valor.

—Pues entonces, se me dirá, las mujeres que por
naturaleza carecen de valor, ¿serian en los tiempos
antiguos despreciadas?

—No eran tan apreciadas como merecian, y prueba
de ello es que uno de los mayores insultos que po-

dian dirigirse al hombre era compararle con las hembras. Pero si no se las consideraba séres completamente despreciables y abyectos, si la sociedad las toleraba, era porque el instinto natural hace al hombre amar á la mujer, era porque de ellas nacian los hombres, era porque la naturaleza hace a hombre amar á su madre, y era, en fin, porque eran objetos hermosos que el hombre necesitaba para su recreo.

El cristianismo fué lenta, pero perseverantemente, enseñando á los pueblos que la guerra no debe ser su estado normal y que la mujer es la compañera del hombre; el cristianismo dijo á los hombres que se amaran mútuamente é hizo de una mujer el símbolo de la pureza.

Vino al fin un tiempo en que la sociedad se *civilizó*, es decir, en que la sociedad militar pasó á ser sociedad civil. La espada desapareció del costado y la lanza de la mano del hombre. Formáronse los ejércitos permanentes y el ciudadano dejó de ser soldado. La profesion del soldado fué una de tantas profesiones y no el estado natural del ciudadano. Hay ocasiones en que no basta el soldado de profesion para defender la patria y necesita el ciudadano tomar las armas y pelear en su defensa, como hay ocasiones en que no basta el médico de profesion para curar al enfermo y necesita el labrador medi-

cinar al paciente. Si nadie desprecia al labrador
por su falta de aptitud para sustituir al médico, ¿por
qué se desprecia al ciudadano por su falta de valor
para sustituir al soldado?

Aquí viene como rodada la cuestion principal que
me propuse resolver en este capítulo, reducida á
estos sencillos términos: ¿Es el valor una cualidad
que honra, y por consecuencia la falta de valor es
una falta que deshonra? No.

Me explicaré con más latitud y claridad. Santo y
muy bueno que el soldado se sonroje cuando le dicen
que no tiene valor y se enorgullezca cuando le dicen
que le tiene. El valor debe ser su primera virtud
porque su primera obligacion es pelear, y sin valor
no cumpliria con su obligacion: pero ¿sonrojarse el
ciudadano, el hombre puramente civil, cuando le dicen que no tiene valor y enorgullecerse cuando le dicen que le tiene? No se comprende semejante contra-
sentido sino teniendo en cuenta cuánto puede la rutina.

—Es que, se me dirá, el valor es una cualidad
honrosa, una virtud *mater* no sólo en el soldado,
sino tambien en el ciudadano. Usted, hombre puramente civil, ó como decimos vulgarmente, paisano,
pasea por la orilla del Ibaizabal y ve caer un niño al
agua. Si tiene valor, se arroja al rio y salva al pobre niño, y si no le tiene, deja que el pobre niño se
ahogue. ¿Qué dice usted á esto?

—Lo que digo es que están ustedes muy equivocados. Lo que necesito yo tener para salvar al niño no es valor sino abnegacion, ó mejor dicho caridad, que es la verdadera virtud *mater,* porque de ella nacen todas las virtudes. Si tengo caridad, si soy bueno, que viene á ser lo mismo, me arrojaré al rio sin pensar en el peligro propio, aunque no tenga valor para matar una gallina, y salvaré al niño como pudiera salvarle el Cid Campeador. Ejemplo de ello son las Hermanas de la Caridad que á pesar de ser débiles por naturaleza, se arrojan en medio de las balas y penetran en los hospitales donde reinan la muerte y los dolores de toda especie, para consolar y salvar á los que padecen. ¿Por qué no ha de ser deshonra en la mujer la falta de valor y ha de serlo en el hombre? Esa es una aberracion monstruosa hoy que tan *civil* es el hombre como la mujer. Ya que tan aficionados son ustedes á los ejemplos, voy á ponerles uno para acabar de convencerlos de que tan honrado puede ser el ciudadano sin valor como con él.

El verano pasado llegué yo á una aldea donde habia romería y corrida de novillos. Empezó la corrida, y cuando el público se cansaba del novillo que estaba en el cóso, se abria una barrera y el novillo se volvia corriendo al monte de donde le habian traido. Salió al coso uno fierísimo, y temeroso e

alcalde de que causara alguna desgracia, mandó que
se abriese la barrera para que saliera al monte. La
mayor parte de los espectadores aplaudieron como
muy humana y prudente esta disposicion, pero otros
la censuraron atribuyéndola á que era el alcalde *un
gallina.*

En el momento en que el novillo salia del coso, se
encaminaban hácia este dos vecinos de la aldea: uno
de ellos un caballero y el otro un jornalero. Al ver
que el furioso novillo se dirigia hácia ellos, el caballero echó á correr lleno de espanto, y no paró
hasta encontrar un castaño á cuyo tronco se subió:
pero el jornalero, en vez de huir, corrió al encuentro
del novillo, se colgó de una de sus astas y fué largo
trecho zamarreando á la fiera, hasta que esta hizo
un esfuerzo supremo y le arrojó al suelo rompién-
dole una pierna en la caida.

Cuando el caballero vió al jornalero caer y le oyó
pedir socorro y vió que el novillo se revolvia sobre
él para herirle con los cuernos, saltó del castaño, y
sin reparar en el furioso novillo, corrió en auxilio
del herido, cuya cura y conduccion á casa dispuso
con una solicitud que me enamoró.

No faltó á pesar de esto algun vecino que echase
en cara al caballero el poco valor que habia mos-
trado al encontrarse con el novillo; pero él, lejos
de sonrojarse y negar la falta de valor de que

se le acusaba, contestó con mucha modestia:

—Es verdad que soy un cobarde, y me alegro de ello, porque ya habreis oido decir que los valientes y el buen vino duran poco, como ha estado á punto de probarlo ese pobre que por ser valiente no podrá en un par de meses ganar el pan de su familia.

Ya por aquel tiempo andaba yo á vueltas con mis teorías sobre el valor, y aquella noche trabé conversacion con la familia en cuya casa me hospedé, con objeto de averiguar qué sujetos eran el caballero cobarde y el jornalero valiente. El caballero, segun me dijeron, tenia tan poco valor que se desmayaba cuando veia hacer una sangría, se tapaba los oidos cuando tronaba y huia de su casa cuando en ella habia que matar alguna gallina, pero en cambio era un excelente padre de familia, era el amparo de los pobres, era un pozo de sabiduría, era el fomentador de todos los adelantos de la comarca y era la segunda providencia de la aldea. En cuanto al jornalero, era un brutazo que apaleaba á la mujer y se emborrachaba, y se entrampaba por no querer trabajar, y habia estado varias veces preso por ladron, y armaba camorras con todos los vecinos, y en una palabra, no tenia el diablo por donde desecharle; pero en cambio era más valiente que el Cid.

Resulta, pues, de este ejemplo, resulta de todo lo que acabo de decir, y resulta de lo que dice el sentido comun, que en nuestros tiempos no hay razon para que los que no somos soldados nos son- rojemos cuando nos dicen que no tenemos valor, ni para que nos enorgullezcamos cuando nos dicen que le tenemos. Resulta, pues, que lo que debe halagar- nos es, nó el que nos llamen valientes, sinó el que nos llamen inteligentes y buenos.

RECUERDOS DE UNA ALDEA.

Era el dia de la Asuncion de la Vírgen, y yo le pasaba tristemente en los baños de Alzola acordándome de mi aldea, cuya fiesta titular era aquel dia, y donde mi padre, mis hermanos y mis compañeros de la niñez me esperaban inútilmente.

El párroco de Alzola es el modelo más acabado, más perfecto, más santo del cura de aldea que yo he conocido. A un extremo de la aldéita, á la orilla del rio Deva, hay un campo sombreado de hermosos nogales, y en torno de aquel campo se elevan tres humildes edificios: la iglesia, la casa del señor cura y la casa del sacristan. La iglesia es pobre, pero la fe del párroco y los feligreses la hacen rica, porque en templo alguno de la tierra se puede tributar al Señor culto más ferviente y sincero que el que se le

tributa en la iglesia parroquial de Alzola, cuyo ve-
cindario no pasará de cien almas.

El que quiera ver al párroco, no le busque entre
la animada y elegante multitud de forasteros que
pueblan á Alzola en la temporada de baños; no le
busque divirtiéndose en las vecinas villas de Elgoibar
y Deva; no le busque donde el ejercicio de la caza
pudiera proporcionarle solaz; búsquele en la iglesia,
entregado á los deberes de su ministerio, ó en su
casa leyendo libros piadosos ó históricos, ó en casa
de alguno de sus feligreses á quien prodiga sus consuelos, ó bajo los nogales, complaciéndose como
Jesus en que los niños se acerquen á él.

Aquella existencia que parece tan serena y feliz,
tambien tiene sus dolores, que dolor muy grande es
para el santo párroco el ver que su iglesia no tiene
campanario desde donde alegren al valle las campanas, cuyo sonoro repique se pierde hoy en la pro-
fundidad donde están colocadas. El bello ideal del
cura de Alzola es ver alzarse una esbelta torrecilla
sobre aquel templo engalanado con los clavelos de
sus ventanas y las flores de su corazon. ¡Dichoso el
que escribe estas líneas si fuera bastante rico para
hacer llorar de alegría al cura de Alzola levantando
un hermoso campanario sobre la pobre iglesia de
San Juan Bautista!

Por fuera la casa del cura es blanca, por dentro

es limpia y sencilla. Blanca, limpia y sencilla como
el corazon del sacerdote que la habita! Hermosas
matas de claveles adornan sus ventanas é inundan de
suave aroma la habitacion del párroco y el campo
que la precede.

Dos dias ántes de la Asuncion, me asomé á la
tapia del campo santo, que está á la espalda de la
iglesia y vi que el campo de los muertos estaba completamente cubierto de yerba y flores, lo cual queria
decir que hacia muchos meses no habia muerto nadie en la aldea. Aquella tarde, como casi todas, fuí
á conversar un rato bajo los nogales con el señor
cura y pregunté á éste si mi suposicion era cierta.
—Lo es ¡á Dios gracias! me contestó el párroco
brillando sus ojos de alegría.

La víspera de la Asuncion, despues del toque de
oraciones, oi doblar las campanas, y al dia siguiente
al ir á misa noté que el señor cura estaba muy triste.

Como sucedia todos los dias festivos, terminada
la misa, el señor cura subió al púlpito. Los forasteros que no entendian la lengua vascongada, se reti-
raron del templo y quedaron en él todos los habitantes de la aldea, que apenas entienden la castellana.
El párroco, en lenguaje sencillo, pero lleno de fe,
explicó elocuentemente el evangelio del dia, arrancando santas lágrimas á su auditorio y tambien al
que escribe estos renglones, que entre los muchos

iglesia; habia visto á las aldeanas colocar sus candelas encendidas en torno del féretro; habia sido testigo del triste y amoroso llanto de todas aquellas honradas gentes al descender á la fosa el cadáver de su compañera, y vivamente impresionado por estas escenas tornaba meditabundo y triste hácia los baños, cuando encontré á un amigo.

—¡Qué pensativo viene usted! me dijo. ¿En qué piensa usted, hombre?

—Pienso que la muerte debe ser dulce cuando el que muere sabe, como sabia esa pobre á quien acaban de enterrar, que la religion y el amor y no la venalidad y la indiferencia, le han de acompañar al sepulcro.

—Tiene usted razon, y por eso, como usted, ruego á Dios que mis huesos descansen á la sombra de los nogales de la aldea, y no en los soberbios panteones de la ciudad,

LA PROFETISA Y LOS MÁRTIRES.

I.

Hácia 1360 cursaba en las áulas de Salamanca un piadosísimo mancebo llamado Juan de Granada, natural de tierra de Toledo.

Terminados sus estudios, tomó el hábito de Nuestra Señora de la Merced en Valladolid, y tanto se distinguió durante muchos años por su piedad, su sabiduría y su celo en la santa obra de la redencion de cautivos, que en 1407 fué elegido Provincial de la Orden de Redentores.

Los reyes de Castilla acudian con frecuencia á su docto consejo, y por aquellos tiempos influyó mucho en los asuntos de Estado, siempre como ángel de paz y conciliacion.

Nunca quiso confesar fray Juan de Granada, porque decia que él era todo blandura y amor y el confesonario pide el amor del padre y la severidad del juez.

Algunos años despues de su eleccion, emprendió una visita á los conventos de la Merced establecidos en esta costa cantábrica, y se detuvo algunos dias, ocupado en santos ejercicios, en el convento que á la sazon existia en Colindres y despues fué abandonado por ser excesivamente frio y mal sano el sitio en que estaba edificado.

Una noche estaba en oracion, y apareciendo á sus ojos una nube resplandeciente, vió en medio de ella á un venerable anciano con hábito de la Merced, atado á un mástil y traspasado su cuerpo de saetas. El anciano le miraba amorosamente y le indicaba con la mano que alzase el pensamiento y el corazon al cielo. Fray Juan bajó la vista al suelo deslumbrado por el vivísimo resplandor que rodéaba al anciano, y al alzarla de nuevo, vió que la vision habia desaparecido.

La fisonomía del anciano quedó fija en su memoria como si fuese de persona que hubiese visto y ratado toda su vida.

En vaño procuró el piadoso mercenario penetrar

el significado de aquella misteriosa vision. Sólo comprendia que un mártir de su Orden le habia exhortado á levantar su espíritu al cielo.

II.

Pensando en la misteriosa vision de Colindres, llegó fray Juan de Granada al convento de Burceña.

En la orilla izquierda del Cadagua, quinientos pasos ántes de juntarse este rio con el Ibaizabal, se alza aún un alto campanario. ¡Oh, viajero que recorres nuestro hermoso valle, si tu corazon, como el del autor de este libro, desfallece de tristeza ante un monton de santas y gloriosas ruinas, sigue Ibaizabal abajo y no vayas á doblar la rodilla á la sombra del alto campanario de Burceña. Aquel campanario no alegra ya el valle con sus sonoras campanas ni á su sombra brilla la piadosa liberalidad de los condes de Ayala; ni sabios escriben libros, ni redentores arden en deseos de dar su vida por los tristes cristianos que gimen en poder de los infieles! A la sombra de aquel campanario sólo encontrarás una humilde capilla que el piadoso pueblo vizcaino ha preservado de la devastacion del templo para llorar en ella como el profeta de las Lamentaciones sobre las ruinas de la ciudad de Dios!

Eran tiempos muy tristes para Vizcaya los qué corrian cuando fray Juan de Granada vino al valle del Ibaizabal, porque las guerras de bandería que afligian á casi toda España, sembraban el luto y la desolacion en nuestros hermosos valles.

Donde hoy vemos un convento de religiosas de la Merced, á la orilla izquierda del Ibaizabal, entre las ruinas de la iglesia de San Francisco y la casa de Martin Saez de la Naja, donde se ordenó á princípios del siglo XVI el Código de nuestras libertades, habia un humilde beaterio de trinitarias bajo la advocacion de San José.

Un dia abandonó fray Juan de Granada el convento de Burceña, donde tenia su ordinario hospedaje, y atravesando el Cadagua por una barquilla apostada en aquellos tiempos donde hoy vemos un hermoso puente colgante, se dirigió al beaterio de San José.

Entónces la llanura de Abando ofrecia muy distinto aspecto que ahora: ahora la cubren huertas y jardines y multitud de quintas de recreo y casas de labranza, y entónces la cubrian frondosas arboledas, sobre cuyo follaje asomaba de trecho en trecho el campanario de una ermita ó los aspillerados muros de una torre solariega.

Cuando el venerable provincial de los mercenarios caminaba por aquellas umbrías, oyó hácia la villa

un confuso rumor de voces y choque de armas que
le hizo adivinar alguna de las sangrientas peleas de
que diariamente era teatro el valle del Ibaizabal.

No se habia equivocado el padre provincial: el
bando de Leguizamon, teniendo por aliados y auxilia-
res á los linajes de Martiartu, Careaga, Artunduaga,
Aguirre y Zangroniz, habia trabado sangrienta pelea
con el bando de Zurbárn á quien apoyaban los linajes de Guecho, Azúa, Susúnaga, Arandia é Isasi.
Unos ballesteros del bando de Zurbárn se habian
ocultado en una casa del canton de la Tendería y
desde allí habian dado muerte á algunos caballeros
del bando de Leguizamon, y generalizándose á consecuencia de esto la pelea por toda la villa y la orilla
izquierda del Ibaizabal, la sangre corria á torrentes,
las casas eran incendiadas y el ensañamiento de los
combatientes hacia temer aún mayores desastres.

Fray Juan de Granada penetró en la capilla del
beaterio de San José, tomó un crucifijo y corrió
hácia el puente del alcázar donde el combate era
más recio y sañudo que en otras partes.

—¡Caines! gritó á los combatientes; no derra-
meis la sangre de vuestros hermanos. Yo os lo mando
en nombre del que derramó la suya por vosotros.

Los banderizos inclinaron las armas al oir estas
palabras y abrieron paso al venerable relijioso que
siguió adelante y en breve desarmó todas las dies-

tras y aplacó todos los corazones sin más ayuda que
la irresistible influencia de su acento y el santo si-
mulacro que alzaban sus temblorosas manos.

III.

Profunda pena causó al venerable Juan de Granada el estado en que encontró las comunidades de
religiosas en el valle del Ibaizabal. Entónces no
existia aún la clausura, y los asilos de la paz y la
oracion eran con frecuencia profanados y turbados
por la guerra y los rencores que agitaban donde
quiera á las familias en particular y á la sociedad en
general. Las mujeres reunidas para alabar á Dios y
dar ejemplo de caridad y mansedumbre, participa-
ban de los odios y la relajacion que caracterizaban á
aquella época; pero en el beaterio de la Naja encontró fray Juan una sierva de Dios que llenó su corazon de consuelo y esperanza.

Llamábase aquella mujer sor Juana de Irizalde.
Era tan humilde que jamás se pudo conseguir que
admitiese la prelacía del convento, y hacia y supli-
caba la permitiesen hacer los oficios de sus compa-
ñeras.

Ocupábase toda la semana con afan indecible en

labores propias de su sexo y estado, y dedicaba el producto de estas labores al sustento de las pobres enfermas.

Jamás replicó á cosa que la obediencia mandase. Pasaba la noche en oracion, arrodillada, y sólo cuando el sueño la rendia se recostaba un poco en su asiento.

Contábase que sor Juana poseia el don de profecía, y en prueba de ello se citaban muchos sucesos que habian ocurrido en España y fuera de ella despues de haberlos anunciado aquella sierva del Señor.

Habia llegado á oidos de fray Juan de Granada la fama de santidad de que gozaba sor Juana de Irizalde y deseaba cerciorarse por sí mismo de si aquella fama era ó nó merecida. Examinó cuidadosamente la vida de aquella mujer y quedó convencido de que era modelo de perfeccion.

Lastimábase el provincial de los obstáculos que se oponian á reducir á la clausura á las religiosas y pidió á sor Juana que rogase á Dios le ayudase á conseguirlo. Sor Juana se quedó absorta largo rato, y volviendo del éxtasis dijo sonriendo al santo provincial :

—*Non est vestrum nosce tempora, neque momenta,* es decir, no es dado conocer el tiempo ni la oportunidad de realizarlo.

Juana profetizó al provincial la fundacion de un

convento de Mercenarias que se fundó poco despues en Sevilla, y como fray Juan le refiriese la misteriosa vision que habia tenido en Colindres, manifestando deseos de que se la explicase, la sierva de Dios le dijo:

—Con aquel santo anciano que visteis asaetado, alcanzareis la palma del martirio y subireis al cielo.

Estas palabras llenaron de gozo inefable al provincial, que pocos dias despues le vió renovado en Marquina en cuyo convento halló á otra religiosa llamada Menda de Usátegui, no ménos santa y abrasada en el amor de Dios que la vírgen del Ibaizabal.

IV.

Algunos años despues fray Juan de Granada pasó á Portugal á visitar los conventos de redentores existentes en aquel país, y por su consejo se extinguieron estos conventos, porque las discordias que á la sazon tenian Portugal y Castilia, malquistaban á los religiosos. Durante esta larga peregrinacion pasó grandes trabajos por efecto de aquellas mismas discordias.

A su vuelta tratábase de conducir á Argel y Oran una gran cantidad de dinero destinada á la redencion de cautivos; y fray Juan de Granada y otro santo mercenario llamado fray Pedro Malasang, fueron elegidos para cuidar de aquel tesoro y entregarle en tierra de infieles.

El buque destinado á la conduccion del dinero y los religiosos era genovés, y debia salir del puerto de Cartagena. Dirigióse fray Juan á este puerto y allí encontró á su compañero á quien sólo de nombre y por la fama de su santidad conocia.

Cuando vió al padre Malasang, sintió un gozo parecido al que siente el que tras larga ausencia vuelve á ver á una persona querida.

—Hermano, le dijo, yo creo haberos visto ántes de ahora y no se dónde ni cuándo.

—Eso mismo creo yo de vos, contestó fray Pedro.

Embarcáronse inmediatamente; pero cuando se acercaban á las costas berberiscas, una nave pirata atacó y apresó la suya.

El capitan genovés, al verse entre los piratas, en vez de imitar la resignacion de los dos religiosos, empezó á blasfemar de Dios y de los santos.

Reprendiéronle con amor los padres mercenarios, y al oirlos, el capitan pirata les anunció que si no blasfemaban como el genovés les iba á quitar la vida.

Ambos le contestaron indignados que perderian mil ántes que manchar sus labios con la blasfemia.

Entónces los desalmados piratas los ataron á los palos del buque y empezaron á asaetearlos.

Fray Juan dirigió la vista á su compañero y al verle cubierto de saetas é indicándole con la mano que alzase el pensamiento y el corazon al cielo, exhaló un grito de infinita alegría. Era que acababa de reconocer en fray Pedro Malasang al anciano de la vision de Colindres! Era que ya no dudaba del cumplimiento de la profecía de sor Juana de Irizalde!

La profecía se cumplió. Fray Juan de Granada y fray Pedro Malasang alcanzaron juntos la palma del martirio y juntos subieron al cielo!....

V.

Casi á raíz de esa lengua de tierra á cuya punta se unen el Cadagua y el Ibaizabal, hay un edificio que no calificaré de inmensamente largo, porque su largura de cerca de medio kilómetro no es tanta que no se pueda medir. Esa dilatada galería se construyó durante el reinado del gran Cárlos III con destino á la fabricacion de jarcias para la marina real, y hoy que ha pasado á manos de particulares espera el golpe de la piqueta que ponga término á su corta vida.

En torno de la ex-real cordelería vemos unas cuantas casas y una linda capilla construida en 1858 por la anteiglesia de Abando, á la cual pertenece la aldeita de que hablamos, que lleva el nombre de Zorroz-aurre, es decir, Zorroza de delante, para distinguirla del barrio que está más arriba, en la orilla izquierda del Ibaizabal, que se llama sencillamente Zorroza.

En el siglo xv la aldea de Zorroza constaba sólo de a gran casa solariega del linaje del mismo apellido. Esta casa tenia sobre la puerta que miraba hácia el poniente, ó lo que es lo mismo, hácia el convento de Burceña, un gran escudo de piedra y la rodeaba un campo poblado de castaños seculares.

Por los años de 1425 jugaba en aquel castañar un hermoso niño llamado Juan, hijo de los señores de Zorroza. Las inclinaciones de aquel niño arrancaban con frecuencia lágrimas de alegría á Ochanda, su piadosa y tierna madre. Cuando Juan veia á los niños de su edad maltratar á los pajarillos que habian sorprendido en el nido, rescataba de su cautiverio y daba libertad á las inocentes avecillas con el sacrificio de alguna moneda de cobre de las que sus parientes le habian dado para que las emplease en juguetes propios de su edad.

Una vez cada semana, ántes de salir el sol, pasaba por el campo de Zorroza la beata sor Juana de Iri-

zalde que iba al convento de Burceña á confesarse
con el bachiller fray Miguel de Aguirre, comendador perpétuo de aquella santa casa. La fama de santidad de que gozaba sor Juana hacia que á su ida y
á su vuelta la saliesen al encuentro las piadosas gentes de aquellas riberas á pedirle su bendicion. No
eran el tierno Juan de Zorroza ni sus padres quienes
con ménos frecuencia acudian á pedir la bendicion de
sor Juana.

Una mañana Ochanda de Zorroza salió al encuentro de la sierva de Dios llevando de la mano á su
hijo.

—Hermana, dijo á la religiosa, este hijo de mis
entrañas es la alegría y la esperanza de mi casa.
Dicen que Dios os revela los misterios de lo porvenir y os señala los caminos del cielo. Pedidle que os
muestre el que este niño debe seguir.

—Asi haré, contestó la sierva de Dios, y despues
de bendecir á la madre y al hijo continuó su camino.

En la iglesia de Burceña purificó, segun costúm-
bre, su alma con la Eucaristía y la oracion, y al
volver dijo á Ochanda, que la esperaba en el campo
de Zorroza:

—Sostened en el corazon de este niño el amor á
Dios y al prójimo en que hoy se abrasa, y estad segura de que vuestro hijo entrará en el cielo llevando
en su diestra la palma de la victoria.

VI.

Los prodigios con que el Señor mostraba la santidad de sor Juana de Irizalde, eran innumerables y objeto de admiracion universal en el valle del Ibaizabal y áun en todo el noble Señorío.

Juan de Zorroza que habia nacido en 1416 tenia ya quince años y continuaba dando testimonio de que su corazon encerraba tesoros de amor á Dios y al prójimo. Muchas veces habia ya expuesto su vida arrojándose al Ibaizabal ó al Cadagua para salvar la de otros niños precipitados en el agua.

Una mañana vió Juan desde la ventana de su casa que la sierva de Dios se dirigia hácia Burceña. Aquella noche habia llovido á torrentes y el Cadagua iba crecidísimo.

Temeroso Juan de que sor Juana corriese algun peligro grave al pasar el rio, encaminóse tras ella con objeto de no perderla de vista y acudir en su auxilio en caso necesario.

Antes de llegar al rio habia una colinita poblada de alisos y mimbréras, desde donde se descubria perfectamente el vado. Al llegar allí vió Juan que la barca habia desaparecido, arrastrada sin duda por la corriente, y cuando esperaba ver á sor Juana abandonar la orilla del rio, vióla doblar la rodilla sobre los pedregales que lamia el agua y permanecer allí como estática con las manos unidas y la vista fija en el cielo.

De repente la sierva de Dios empezó á elevarse del suelo sin abandonar su piadosa actitud, y remontándose en el espacio sobre la rauda y furiosa corriente, descendió á la orilla opuesta del rio y desapareció en la sombría arboleda que precedia al convento de Burceña.

Lleno Juan de santa admiracion, corrió á su casa y refirió á su madre el milagro que acababa de presenciar.

Dos horas despues Ochanda y su hijo esperaban la vuelta de la sierva de Dios ocultos entre el ramaje de la colina, y ambos vieron repetirse el milagro que habia presenciado el primero aquella misma mañana.

Un año despues, domingo 4 de Junio de 1432, el repique de las campanas de Burceña alegraba el valle del Ibaizabal: era porque Juan de Zorroza vestia el hábito de los mercenarios, y arrodillado á los pies del comendador Aguirre, hacia solemne voto de consagrar su vida á la redencion de cautivos.

VII.

Ochanda de Zorroza era ya casi centenaria y su hijo fray Juan habia llegado á los sesenta y seis años de edad lleno de virtud y de sacrificios en la santa obra de la redencion de cautivos.

Hacia ya muchos años que su ancianísima madre no le habia visto, porque acompañado de otro venerable redentor llamado fray Pedro de Huete, se consagraba entre los infieles de Andalucía al consuelo y la redencion de los cautivos cristianos.

A fines de Febrero de 1482 hallábanse los venerables fray Juan de Zorroza y fray Pedro de Huete en la ciudad de Baza, en el reino de Granada, donde con su sabiduría y su caridad habian conseguido, si no el amor, al ménos la tolerancia de los mahometanos, tanto que el alcaide moro de aquella ciudad les habia prometido protegerlos de toda agresion y les habia dado permiso para que atendieran al consuelo de los cautivos.

Inesperadamente recibióse en Baza la noticia de que el marqués de Cádiz habia tomado el 8 de Febrero la fortaleza de Alhama, y los musulmanes desahogaron en los pobres cautivos la rabia que esta noticia les prodújo.

12

Olvidando el alcaide de Baeza todas sus promesas, intimó á los padres Zorroza y Huete la órden de que renegasen de la fe de Cristo; pero aquellos santos confesores, lejos de obedecer al tirano, hicieron solemnes protestas de su fe y aseguraron que estaban dispuestos á derramar por ella su sangre.

Entónces el bárbaro alcaide, sacándolos entre los gritos y el escarnio del populacho por el camino que conducia, á Granada, los entregó á los desalmados muchachos para que los acañavearean y apedrearan hasta que renegasen de la ley de Cristo.

Los dos santos mártires exhalaron su último aliento sin que su fe desmayara un momento, entonando cánticos de alabanza al Señor.

La profecía de sor Juana de Irizalde se habia cumplido, pues Juan de Zorroza habia ascendido al cielo llevando en su diestra la palma de la victoria.

Algunos cautivos cristianos recogieron los mutilados restos de los mártires y les dieron sepultura en un monte que se alza entre Baza y Granada, junto á una senda que conduce al sitio donde despues se erigió una ermita á otro mártir, al glorioso San Sebastian.

En la sepultura de los mártires de Burceña brotaron dos fuentes que subsisten aún y son conocidas con el nombre de Fuentes Santas, porque asegurándose que cuantos enfermos bebian de ellas recobraban la salud, era grande el número que acudia á sus milagrosas aguas.

Las piadosas tradiciones de aquella comarca cuentan que los labradores de la misma han visto muchas noches descender del cielo procesiones de ángeles y bienaventurados que iban á entonar cánticos de gloria en torno del sepulcro da los dos mártires.

Ochanda de Zorroza estaba una tarde asomada á la ventana de su casa con los ojos fijos en el convento de Burceña y el pensamiento en su hijo.

Era esto el 1.° de Marzo de 1482, precisamente el dia en que Juan de Zorroza habia alcanzado la palma del martirio.

Una paloma, blanca como el ampo de la nieve, salió de la iglesia de santa María de Burceña y fué á posarse en el hombro de Ochanda. Cuando el pico de aquella paloma acarició su mejilla, la noble anciana sintió que sus entrañas se estremecian de gozo, como se estremecen las de una madre cuando vienen á acariciar su rostro los labios del hijo amado cuya ausencia lloraba hacia mucho tiempo.

La paloma volvió á atravesar el Cadagua y desapareció en la iglesia de Santa María. Muchos dias se la vió tornar á la casa solariega de Zorroza; pero donde entonces se posaba era en el escudo de armas, porque Ochanda no existia ya.

VIII.

El último descendiente del mártir de Baza que sabemos habitó la casa donde Juan nació, fué Pedro Ortiz de Zorroza. La casa se arruinó y su solar pasó en herencia á la familia de los Olaldes, no menos noble y piadosa que la de los primeros pobladores.

Ya muy entrado este siglo, el dueño de aquel solar, temeroso de que se perdiese la memoria del sitio en que nació el mártir, levantó una columna con los restos de la antigua casa solariega y sobre esta columna puso una cruz de madera.

Bien hizo el Sr. Olalde y bien hacemos nosotros en consagrar estos recuerdos al santo hijo de Zorroza, porque el tiempo todo lo destruye y lo condena al olvido. En la iglesia de San Vicente de Abando habia en tiempos antiguos un cuadro que representaba al mártir fray Juan de Zorroza, cuya diestra aparecia adornada con la palma del martirio, y cuya frente se veia iluminada con la aureola de los santos. Pero este cuadro que se exponia á la puerta del templo en los dias solemnes y era objeto de veneracion para el pueblo, desapareció en nuestras revueltas políticas como tros consagrados al mismo objeto, que existian en la iglesia de Burceña, y como un manuscrito de la vida y el glorioso tránsito del mártir vizcaino que se conservaba en el archivo de los redentores.

¡Rediman estos renglones de la indiferencia y el olvido al santo. siervo de Dios que á tantos pobres cristianos redimió de los infieles! (1)

---

(1) Estas noticias del mártir de Zorroza se publicaron hace un año en los periódicos de Bilbao, y el Sr. D. Martin Ana de Olalde, poseedor del solar de Zorroza, dió inmediatamente una prueba más de que tiene en mucho la memoria de su santo predecesor, mandando pintar un cuadro que representa el martirio de fray Juan y reconstruir la antigua columna (que se habia desmoronado) coronándola con una cruz de piedra.

LA LLUVIA.

Ya ha llovido desde que existe la costumbre de decir que es intolerable la vida en las comarcas septentrionales porque llueve mucho en ellas.

Hijos del Mediodía, cuando huyendo del sol canicular que abrasa vuestros hermosos campos vengais á respirar las auras de nuestras frescas y verdes montañas, estudiad un poco el estado físico y moral de los habitantes de este país á ver si descubrís en ellos la influencia perniciosa que se atribuye á los climas septentrionales.

Nuestro cielo no sonrie ciertamente con tanta frecuencia como el vuestro: pero en cambio aquí sonrien siempre los labios y los corazones. Nuestra atmósfera no es tan serena como la del Mediodía, pero aquí las almas están siempre serenas. Aquí los pájaros cantan ménos que en vuestros campos, pero

no hay pueblo en la tierra donde los hombres y las
mujeres canten tanto como aquí. Aquí la aurora no
derrama en el cielo tintas tan rosadas como en las
regiones meridionales, pero la tranquilidad del alma
y la salud del cuerpo tiñen aquí los rostros del color
de la rosa.

Tenia yo en Madrid un amigo cuyo sueño dorado
era vivir en una casita rodeada de unas cuantas fanegas de tierra donde hubiera flores y fruta, y enramadas y praderas cubiertas de oloroso cesped. Habia
estado en las provincias Vascongadas, y desde entonces databa este sueño, porque aquí habia encontrado, como el docto D. Fermin Caballero, el modelo
de la finca agraria, y aquí habia empezado á envidiar la dicha del que tiene

> una heredad en un bosque
> y una casa en la heredad,

como dice el cantar vascongado.—Llegó un dia en
que se decidió á abandonar la vida de la córte para
adoptar la que habia envidiado en nuestras montañas, y como me consultase sobre la comarca donde
se habia de establecer, le dije:

—¿Por qué no se decide usted por las provincias
Vascongadas?

—Hombre, me contestó, mucho me gusta aquel
país, pero tiene un demonio de inconveniente, y es
que llueve allí mucho.

—Pues establézcase usted en las cercanías de Madrid donde las lluvias no son tan frecuentes.

—Tampoco me conviene este país, porque los frios y los calores son aquí extremados, y casi todo el año está aquí muerta la vegetacion.

—En cuanto á la vegetacion, ya verá usted cómo la resucita el agua del Lozoya así que empiece á desparramarse por esos campos.

—Riase usted de las ilusiones que en cuanto á eso tienen los madrileños. Usted sabe que una línea de verdura señala en todas partes el curso que llevan hasta los más pobres arroyuelos. Hace cuatro años surge del partidor del canal de Isabel II un torrente de agua del Lozoya, y atravesando los campos de Amaniel y la Moncloa, se precipita en el Manzanares. Pues examine usted el curso de ese torrente y verá que ni un arbusto, ni casi una yerba le señala. Desengánese usted, el agua no basta para hacer brotar la vegetacion en los arenales.

En vano traté de convencer á mi amigo de que era exagerada su prevencion contra los campos que rodean á Madrid, y pocos dias despues me anunció que habia comprado en la provincia de Murcia un pedazo de terreno donde iba á establecer su paraiso modelado por los que habia visto en las provincias Vascongadas.

Un año despues me escribia:

«Estoy desesperado con la falta de lluvias: este terreno es inmejorable, pero como hace medio año que no ha llovido, mis pobres árboles se van secando, mis pobres flores han muerto y mis pobres praderas están peladas como las de Amaniel. El polvo lo abrasa todo, y hasta yo mismo parece que me abraso y me ahogo en esta atmósfera ardiente y seca. ¡Ay, quién nos diera á mis árboles y á mí un poco de aquella lluvia saludable y consoladora que rara vez niega Dios á los campos vascongados!»

Y pasado otro medio año me volvió á escribir: «Estoy desesperado con las lluvias que cayeron hace algunos meses: mis árboles, mis flores, mis praderas se reanimaron como si la bendicion de Dios les hubiera caido, pero vinieron despues los calores, y las aguas depositadas en las acequias y el fondo de la tierra se corrompieron, y sus exhalaciones queman las plantas y á mí me han producido unas pícaras tercianas que milagro será no me lleven á la sepultura. ¿Cómo se las compondrá Nuestro Señor en las provincias Vascongadas para hacer que llueva con frecuencia sin que la humedad perjudique á las plantas ni produzca á las personas estas pícaras tercianas?

Al leer esta carta y recordar la anterior, alce los ojos al cielo y exclamé:

—¡Señor! muchos milagros has hecho, pero te

falta aún el mayor, que es hacer que llueva á gusto
de todos.

Hay en la lengua castellana una frase proverbial
que acusa á los hombres de indiferencia cuando oyen
caer el riego del cielo. «Lo oye como quien oye llover» decimos para expresar el indiferentismo del que
oye sin interés ni sorpresa un consejo, una noticia ó
un insulto. Adoptando yo esta frase, ¿qué razon hay,
pregunto, para que los hombres oigan caer la lluvia
como quien oye llover? No encuentro razon alguna
para tal indiferencia, porque la lluvia es el mayor de
los dones que el Señor reparte á la tierra.

No la saco á relucir sin por qué ni para qué, la saco
para darle públicamente las gracias por la frecuencia con que se digna descender á nuestros valles y
montañas.

El sol ha endurecido nuestros campos y apenas
puede romperlos el arado ni la laya. Oscurécese el
cielo, la lluvia cae, y el labrador sonrie de alegría
viéndola ú oyéndola caer, asomado á su ventana ó
chupando su pipa á la orilla del hogar. Con razon
sonreia el labrador al caer la lluvia, porque gracias
á ella, la yérba brota fresca y lozana en los campos
donde el ganado rabiaba de hambre y la tierra se
presta dócil á que el arado y la laya penetren en sus
entrañas á prepararlas para que el trigo y el maiz
germinen en ellas.

Ya el labrador ha depositado bajo cada terron un dorado grano de maiz y cada grano es una dorada esperanza para la familia. Germinan al fin estos granos, pero la delicada planta no puede romper la tierra que la cubre endurecida por el sol. La lluvia desciende y las plantas rompen su prision, y crecen, y favorecidas con frecuencia por el riego del cielo, convierten las esperanzas en realidades, y el grano de maiz torna çentuplicado al granero de donde salió.

¿ Qué seria de vosotras, lindas vegas de Guernica, de Durango, de Marquina, de Orduña, de Deusto, de Baracaldo, siempre verdes y fecundas, y qué de vosotras, altas montañas de Oiz, de Solluve, de Urquiola, de Pagazarri, de Colisa, siempre verdes y risueñas, si la bendicion del cielo en forma de lluvia cristalina no bajase con frecuencia á refrescaros? Vuestras antípodas las vegas y las montañas que arrulla el Mediterráneo, faltas casi siempre, y casi siempre ansiosas del riego del cielo, acusan á este de injusto, pero la injusticia está en ellas que no comprenden cuán sabio es el Señor al distribuir sus dones á la tierra.

Riego del cielo, yo te bendigo así cuando caes mansamente sobre nuestros valles y montañas sin desgarrar una hoja ni arrebatar una yerba, como cuando caes á torrentes y desbordando los cáuces naturales por donde caminas al Océano, invades nuestras vegas. Yo te bendigo siempre, porque el Señor es sabio y justo, lo mismo cuando al verte suspendido sobre los campos del Mediodía, te dice: «¡no caigas!» que cuando al verte suspendido sobre los campos del Septentrion, te dice: «¡cae!»

Nuestra debil vista no alcanza á descubrir la razon por qué el Señor dice á la lluvia en unas partes «no caigas» y en otras «cae;» pero esta razon existe y debemos respetarla y respetar el santo misterio en que el Señor la envuelve.

FUMEMOS.

I.

Yo gasto veinte reales al mes en media librita de cigarrillos. Estos cigarrillos me saben á gloria, me tienen sanote como una manzana y no me dejan pensar en una porcion de picardías en que solemos pensar los hombres. Pues, ¿querrán ustedes creer que porque hago este gasto todo el mundo se cree con derecho á llamarme vicioso?

Y no crean ustedes que es de ayer la injusticia de que me quejo. Cuando saliamos de la escuela mis compañeros y yo, nos ibamos á un matorral á echar un cigarrillo del tabaco que pellizcábamos á nuestros padres, y nunca habia de faltar quien nos viese y exclamase:

—¡Mire usted los mocosos, fumando! ¡Yo se lo diré al maestro para que os quite el vicio!

Apenas dejé de ir á la escuela, me eché una novia y me decidí á fumar en público. Pues la pícara de la muchacha, siempre que me veia fumar me habia de tirar el cigarro de un manotazo, exclamando:

—¡Anda, vicioso!

Por fin me casé, y entonces fué la mas negra.

—Hasta luego, querida, que voy á echar un cigarro, digo á mi mujer en los entreactos del teatro, y mi mujer me contesta:

—¡Eso es, ántes que tu mujer es el vicio!

Apenas entra mi mujer en mi escritorio, exclama, azotando con la mano el humo que sale á recibirla:

—¡Uf, cómo poneis la casa con el pícaro vicio del tabacazo!

Cuando la criada va á mi mujer con el cuento de que, sin duda con el cigarro, he quemado las sábanas de la cama, mi mujer se encara conmigo diciendo:

—¡El mejor dia vamos á amanecer todos achicharrados por tu maldito vicio!

Y si me acusasen de vicioso sólo las personas de confianza, pase; pero es el caso, y eso es lo que más me quema la sangre, que hasta me acusan las personas que no me conocen. Ayer mismo iba conmigo en el wagon una señora, á quien no conozco más que para servirla, y le dije al encender un cigarrillo:

—Usted dispense, señora, si la incomodo con el humo.

—No señor, me contestó. Estoy ya acostumbrada á él, porque tambien mi marido es de los viciosos.

Y el mismo Diccionario de Dominguez que no me conoce, pues nunca voy á consultarle por habérseme dicho que su autor le escribió con la colaboracion de su ilustrada esposa; el mismo Diccionario de Dominguez se permite llamarme vicioso, pues cuando le preguntan qué quiere decir fumador, sale con la pata de gallo que fumador es la persona que tiene el vicio de fumar.

Como soy hombre pundonoroso y sin ningun vicio conocido, resulta que estoy hasta los pelos con tanto oir llamarme vicioso, y he determinado averiguar si lo soy ó no. Si resulta que lo soy, echo con doscientos mil de á caballo el tabaco, porque soy hombre muy templado para dominar mis pasiones; pero si resulta que no, voy á levantar una humareda de tabaco que ni el mismo demonio va á poder parar en la villa.

Discurramos con calma, porque la cosa es muy seria. Como que si resulta que el fumar es vicio, resulta tambien que el gobierno de S. M. especula con los viciosos.

Esto me recuerda las siguientes palabras que oí á una estanquera:

13

—El gobierno vende mal tabaco, porque así vende más. Compra usted una docena de cigarros, enciende uno, le tira viendo que sabe á demonios; enciende otro, le tira tambien; hace lo mismo con los restantes, y en seguida vuelve á comprar otra docenita.

Pero vamos á ver cómo define la Academia de la lengua la palabra vicio para ver luego si su definicion corresponde al vicio que á los fumadores se nos atribuye.

Hasta tres definiciones da la Academia, como van ustedes á ver:

«Vicio.—La falta de rectitud ó defecto moral en las acciones.»

Esta definicion tiene relacion por lo oscura con el color del tabaco, pero no con el uso. Veamos otra.

«Vicio.—El hábito malo como opuesto á la virtud.»

El hábito! ¡el hábito! ... Querrá decir la capa, en cuyo caso esta definicion tendrá que ver algo con los cigarros. Vamos con la tercera.

«Vicio.—El gusto especial ó demasiado apetito á alguna cosa que incita á usar de ella frecuentemente ó con exceso.»

Tampoco esta definicion tiene nada que ver con el tabaco más que en lo del gusto especial, que es especialísimo el que yo le encuentro al tabaco. Reduciéndolo á lenguaje que se entienda, que es el que usamos los que no somos académicos, vicio es usar de alguna cosa con exceso. Cuando tiro la colilla del cigarro tengo ganas de encender otro, y esto es prueba concluyente de que lejos de haber fumado con exceso, ni áun he fumado lo necesario.

Resulta, pues, que segun la Academia de la lengua los fumadores no somos viciosos.

Pero apuremos aún más la materia á ver si nos es dado apurar aún más los cigarros.

Veamos qué entiende la Academia por fumar.

«FUMAR.—Arrojar ó despedir humo. Se usa regularmente por tomar tabaco de hoja.»

Esta definicion consta de dos partes : segun la primera (con arreglo á la cual fumar es arrojar ó despedir humo), las locomotoras son más viciosas que yo, porque fuman más en un minuto que yo en un año. Segun la segunda (con arreglo á la cual fumar es *tomar* tabaco de hoja) es fumador hecho y derecho el que *toma* en infusion la hoja de tabaco, lo es el que la *toma* en la tabaquería por encargo de algun vecino, y lo es el que la *toma* por el lomo á ver si le tiene suave.

Se conoce que hizo esta definicion algun académico de la *legua* acostumbrado á tomar el rábano por las hojas.

En cuanto al insulto que á los fumadores nos dirige el Diccionario de Dominguez, llamándonos viciosos, debemos estar completamente tranquilos, pues acabo de saber que aquella definicion la hizo la esposa del autor indignada de ver á su marido todo el dia chûpa que chupa.

II.

Bastan y sobran las razones que dejo expuestas para que las señoras mujeres se guarden muy bien de llamarnos viciosos á los fumadores; pero por si no bastan, allá va de añadidura otro puñadito de ellas.

La historia ofrece mil y mil ejemplos de que los fumadores son (si no digo somos, es por modestia) económicos, ingeniosos, corteses, sensibles y otra porcion de cosas que se avienen muy mal con el vicio.

Ejemplo de economía.—Habia en Arrigorriaga un mozo á quien hacia poco se le habia muerto su padre. Supo un dia que un vecino suyo estaba gravemente enfermo, encendió la pipa, que no se le caia nunca de la boca, y se fué á verle.

—¿Cómo estás, hombre? le preguntó.

—Mal. Si quieres algo para tu padre, dilo, que pronto voy á verle.

—¡Hombre, no digas barbaridades! ¡Qué te has de morir tú, si estás mas fuerte que el árbol de Corrala! (1)

—Me muero, no lo dudes. Conque ¿qué mandas para tu padre?

—Hombre, yo tenia un recadillo que enviarle. Mira, tú no te morirás, pero si te mueres, no irás al cielo; pero si vas al cielo, no encontrarás allí á mi padre; pero si le encuentras, no te acordarás del recado que voy á darte; pero si te acuerdas, le dirás que dónde demonios dejó aquella pipa mocha que solia usar, pues desde que murió la ando buscando y no puedo dar con ella.

Ejemplo de ingenio.—Cuéntase, y esto por sabido debiera yo callarlo, que yendo por una calle de Madrid dos gallegos y un andaluz, fumadores los tres, pero sobre todo el último, se encontraron dos cuartos y acordaron gastarlos en un cigarro del mismo

_____

(1) El árbol de Corrala es uno altísimo que existe en Arrigorriaga delante de la casería de su nombre, propia de D. José Leopoldo de Careaga, jóven tan amante de los recuerdos de familia, que por la única razon de que su difunto padre gustaba de sentarse á la sombra de aquel árbol, no ha querido venderle á ningun precio, aunque ha habido quien le ofreciese por él una suma exorbitante. El árbol de Corrala forma una horca á una gran altura del suelo, y el vulgo ha aprovechado esta circunstancia para forjar un absurdo cuento. Cuéntase que en 1836, cuando Espartero iba en retirada acosado por los carlistas, despues de haber intentado valerosa y desgraciadamente pasar el puente de Arrigorriaga, al pasar junto al árbol de Corrala alzó la vista á la horca moviendo desesperadamente la cabeza y murmuró: ¡Si estuvieras más abajo!....

valor. Hecha la compra, se encontraron con la dificultad de que los cigarros no tienen más que una
punta para chupar; pero el andaluz resolvió la cuestion con el ingenio propio de todo fumador de ley,
proponiendo que él fumaria el cigarro y sus compañeros le verian fumar.

Esta ingeniosa y prudente proposicion fué acep-
tada por los gallegos, y todos quedaron satisfechos,
el andaluz con su racion de humo y los gallegos con
su racion de vista.

Ejemplo de paciencia y sensibilidad.—Hace pocos dias estaba yo en mi aldea, y á una reunion
donde pasábamos el rato charlando y fumando, asistia un anciano que habia conocido á mi abuelo materno.

—No, ¡tú no niegas la casta! dijo el anciano
viéndome despavilar cigarros.

—¿Por qué dice usted eso?

—Porque me recuerdas á tu abuelo, que esté en
gloria. Tu abuelo era un fumador de los más finos
que yo he conocido. En teniendo él tabaco, ya podian venir penas, que no le habian de acobardar.
Una noche leia el señor cura la historia de los trabajos de Job, y cuando todos llorábamos admirando
la paciencia de aquel santo varon, tu abuelo perma-
necia con los ojos enjutos.

—¿Qué es eso, Francisco? le preguntó el señor

cura, ¿no le conmueven á usted los trabajos y la paciencia de Job?

—No, señor, porque yo sufro con paciencia todos
esos trabajos y mucho más, teniendo, como el santo
tendria, un poquito de tabaco.

—¡Qué tabaco ni qué niño muerto, si entónces
no se usaba!

—¡Ah! si no se usaba entónces ya es otra cosa,
contestó tu abuelo, y se echó á llorar como los demás.

¿Pero para qué me he de romper la cabeza buscando ejemplos en comprobacion de los saludables
efectos del tabaco, si el siglo en que vivimos es el
ejemplo más palpable y elocuente de estos efectos?
En ningun siglo se ha fumado tanto como en el siglo xix, y en ningun siglo ha sido la gente tan des-
pabilada como en este.

No ha faltado quien diga que el uso del tabaco es
perjudicial á la salud. Pues considerando yo que para
fallar en cuestiones de salud, los más competentes,
segun se dice, son los médicos, he hecho una estadística muy curiosa de la que resulta que de cada
cien médicos fuman los noventa y cinco. En cuanto
á los cinco restantes, segun ellos, no fuman porque
están malos, y segun yo, están malos porque no
fuman.

Mi aficion á la estadística no ha parado aquí. Ha-
llándome en una reunion donde se disputaba sobre

si el uso del tabaco acorta ó alarga la vida, tomé la palabra en estos términos:

—Señores, pónganse en una fila á mi derecha aquellos cuyo difunto abuelo fumaba, y en otra fila á mi izquierda aquellos cuyo difunto abuelo no gozó de tal dicha.

Al momento me ví complacido. Entónces tomé la pluma, y hechas á derecha é izquierda las correspondientes preguntas, apunté en una columna de números los años que habian vivido veinte abuelos fumadores y en otra veinte no fumadores; hice las oportunas sumas y divisiones, y resultó que los fumadores habian vivido uno con otro sesenta años, y los no fumadores cincuenta, con la circunstancia de que en la casilla de observaciones de los abstinentes figuraban varios hipocondriacos, y ninguno en la de los fumadores.

Y es cosa muy natural que los fumadores no conozcamos la hipocondría. Cuando debe atacar con más fuerza la hipocondría, es despues que uno ha comido, y hay dos razones para ello: primera, la dificultad de la digestion. y segunda la tristeza que naturalmente causa el haberse acabado uno de los placeres más grandes del hombre, que es el comer. Pues bien: ¿qué hipocondría ni qué demonio ha de sentir el que despues de comer enciende un buen cigarro habano, y chupa que chupa de aquel rollo de oro é incienso y mirra, se va envolviendo en una densa y blanca nube de perfumes?

Si mis escritos les gustan á ustedes alguna vez, no digan ustedes «¡qué bien escribe este Trueba!» Lo que han de decir es: «este Trueba ¡qué bien fuma!» porque al bienestar y á la dulce excitacion nerviosa que me produce el tabaco, se debe lo poco bueno que hay en mis escritos, como á la privacion de fumar en las sesiones se debe lo mucho malo que hacen los diputados á Córtes.

Y á propósito de sesiones, se comprende muy bien que se prohiba fumar en aquellas á que asisten señoras, porque ¿á qué dar dentera á estas infelices, dándoles á oler un manjar que les está vedado? pero no se comprende tal prohibicion en sesiones donde por fuerza debe suceder algo de lo que, segun me dijo un diputado, sucede en las de Córtes.

—Mire usted, me dijo un diputado; durante las sesiones tenemos tal deseo de que llegue la hora de fumar, que cuando el presidente dice, «ciérrase la sesion» entendemos que ha dicho «ábrase la petaca.»

Aludiendo al tabaco que se toma por las narices, dice un refran: «á mal dar, tomar tabaco.» Si tan bueno es tomar tabaco por las narices, ¡qué no será tomarlo por la boca!

Ya que de refranes he hablado, debo aprovechar la ocasion para rechazar, en la parte que á los fu—

madores nos toca, aquel que dice: «tabaco, vino y
mujer, echan al hombre á perder.» Aunque no es de
mi incumbencia rechazar ni admitir lo que el refran
dice del vino y la mujer, permítaseme contar un
cuentecillo que tiene relacion con ello, ántes de em-
prenderla con lo que dice del tabaco.

Habia en Ibarrenguélua dos pelgares, llamados
Martinchu el uno y el otro Chómin, y ambos eran
célebres, Martinchu por su aficion al vino y su agu-
deza, y Chómin por su aficion á las mujeres y su
bobería.

—¡Martinchu! solian decir al borracho, ¡el vino
te tiene á tí perdido.

—Cá, el vino no, contestaba Martinchu. Lo que
me tiene á mí perdido es el alcohol del vino.

Y todos se echaban á reir al oir esta salida de pié
de banco.

Chómin, que no tenia ideas propias, era un mono
de imitacion. Así es que cuando le decian:

—¡Chómin, las mujeres te tienen á tí perdido!
contestaba:

—Cá, las mujeres no. Lo que me tiene á mí perdido es el alcohol de las mujeres.

¿A qué alcohol aludiria aquel pedazo de animal?

Convengo en que el vino y la mujer echan al
hombre á perder, aunque nó si se usan con medida,
porque dice otro refran:

Vaso
y beso
escaso
exceso.

Pero ¿quién le habrá dicho al refranista que echa á perder al hombre el tabaco? Por fuerza habrá sido algun médico, boticario ó enterrador.

Afortunadamente, el pueblo español no equipara como el refranista las consecuencias del uso del tabaco con las del uso del vino. Las sardineras de Mundaca y Bermeo se ponen como basiliscos cuando al pasar por Fórua y Guernica les preguntan: «¿Muniquetan ségan?» es decir, «¿á cómo está en Muniqueta?» Si en la venta de Muniqueta, en lugar de venderse vino se vendiera tabaco, juro á brios que no se quemarian las sardineras por aquella pregunta.

Para que se convenza el refranista de que le han engañado como á un chino (los chinos en lugar de fumar tabaco fuman ópio, y por eso son tan simples), roguémosle que dentro de un año venga á ver si estamos echados á perder, y mientras se cumple el plazo ¡fumemos, fumemos!

LA ESCLAVITUD.

Un jóven vizcaino que pasó á la isla de Cuba hace algunos años y allí trabaja sin descanso para reunir un capitalito que pueda hacer su felicidad y la de su familia en la tierra natal, me escribe todos los meses, no tanto por complacerme dándome noticias de las Antillas, como por obligarme á escribirle dándole noticias de Vizcaya. En carta de primeros de Marzo de este año de 1864 me decia entre otras cosas :

«Acaba de recibirse aquí la noticia de que la fragata de guerra *Neptuno*, mandada por nuestro paisano D. Alejandro de Churruca, digno sobrino del valeroso y entendido marino del mismo apellido que tanta gloria dió á Motrico, su patria, y tan alto renombre alcanzó en el combate de Trafalgar, ha aprehendido un buque francés tripulado por marineros

portugueses, que conducia á esta isla hasta **650** negros para venderlos como esclavos. No sé lo que
pensará usted de la esclavitud, aunque supongo que
la abominará como todo hombre de buenos sentimientos; pero le aseguro á usted que esta noticia me
ha llenado de satisfaccion. Yo pudiera tener ya un
capital más que mediano si hubiese aceptado algunos
negocios de negrería que me han propuesto; pero
siempre he rechazado con indignacion tales negocios.
Prefiero volver á nuestra querida patria tan pobre
como vine, á volver enriquecido con tráfico tan infame. Si Dios me permite reunir un modesto capital,
volveré con él á la aldea donde nací y donde vivo
con el corazon y el pensamiento, y allí pasaré el resto
de mi vida haciendo todo el bien que pueda é imi-
tando la honradez de mis padres y convecinos. Si
mi capital fuese adquirido traficando con la dignidad,
con la libertad y con la vida del hombre, que es mi
hermano aunque tenga más ó ménos oscura la color, ese capital seria para mí un negro y perpétuo
remordimiento que no me dejaria hallar la felicidad
que busco por el camino de la honradez.»

Estos renglones que encerraban una noble y expresiva protesta contra la esclavitud humana, obtu-
vieron por respuesta los que voy á copiar á continuacion:

«Ha hecho usted bien, amigo mio, en suponer que

abomino la esclavitud. ¿Y cómo no la he de abomi-
nar si además de ser cristiano y hombre de bien he
nacido y vivo y espero morir en Vizcaya, donde la
libertad nació con las primeras generaciones y sobre-
vive á las últimas tiranías? Si hoy protesto contra
la esclavitud en una carta que sólo ha de leer un individuo, mañana protestaré en un libro que han de
leer muchos. No faltará quien diga: — «En una cuestion tan grave y tan difícil de resolver como la de la
esclavitud humana, ¿qué influencia ha de ejercer el
voto del que se encierra en los bosques de Vizcaya
y limita su ambicion de gloria á escribir libros que
conmuevan y consuelen á los pobres de ciencia y
ricos de corazon? Yo contestaré á los que así digan,
que todos los pájaros deben tomar parte en el cántico de la libertad.

Y á propósito de libertad, permítame usted una digresion, que si no es muy oportuna, es muy patrió-
tica. Como decia no recuerdo quién, se han cometido
tales abusos y tales crimenes invocando el nombre
de la libertad, que ya los hombres de bien sienten
al pronunciar este hermoso nombre algo de lo que
sentirian si las palabras libertad y licencia fueran sinónimas; pero Dios que protege las instituciones
vascongadas, ha extendido su paternal cuidado hasta
el nombre de las instituciones de este noble pueblo,
que se denominan *libertades*, como para preservar-

las con este plural de que se las confunda con la licencia, y para que la mayor amplitud del nombre
exprese la mayor amplitud del objeto.

Era yo muy niño y no sabia lo que queria decir la
palabra *esclavo*. Un dia la leí en un libro y pregun-
tando á mi madre lo que significaba, mi madre, que
era una pobre aldeana casi tan ignorante como yo,
me dijo:

—Los esclavos son bestias con alma y figura de
hombre.

—Si Dios les ha dado alma y figura de hombre,
repliqué, ¿por qué los habrá hecho bestias?

—Quien los ha hecho bestias son los hombres y
no Dios, contestó mi madre.

—¡Ay, madre; qué malos son los hombres! exclamé yo; y desde entónces pensé siempre con profunda compasion en la desventurada suerte de los
esclavos.

Y al escribir, hace algunos años, un libro que se
titula *Cuentos de color de rosa*, recordé que en los
Estados-Unidos, república que pretendia haber realizado el bello ideal de los que anhelan que la humanidad sea tan libre en la tierra como los pájaros
en el cielo, habia muchos millones de esclavos que
sentian crujir sobre sus espaldas el látigo de sus des-
piadados dueños, y en los mercados públicos eran
vendidos como las bestias y las pacas de algodon,

maldije, llorando de indignacion, al pueblo hipócrita, que blasonando de libre y humano, así degradaba y oprimia ó hombres á quienes Dios ha dadó la dignidad y la inteligencia del hombre.

Sí, le maldije llorando de indignacion, porque muchas veces habia leido en los periódicos de aquel pueblo párrafos como los que voy á copiar textualmente:

«Ayer, en el ferro-carril del Este, tuvo un negro la audacia de tomar asiento en un wagon de los destinados á los ciudadanos libres; pero pagó bien cara su insolencia, pues los pasajeros se apoderaron de él y le arrojaron á la vía, donde fué destrozado por el tren. No aplaudimos justicia tan severa, pero reconocemos que merece un buen escarmiento la insolencia con que los esclavos y gente de color pretenden hombrearse con los ciudadanos libres. »

«Están de venta dos negritas de diez á doce años, tan inteligentes y hermosas, que su madre se murió de pena cuando el amo anterior las separó de ella para venderlas al actual.»

Renuncio á comentar estos horribles párrafos, que no lo necesitan, porque el corazon los comenta conforme se van leyendo, y voy á referir á usted un hecho visto por mis propios ojos.

Hace pocos años vino á Madrid una rica señora de los Estados-Unidos, que entre otros servidores traia

14

consigo un esclavo negro. Un amigo mio que la visitaba me contó que, á pesar de ser una señora que amaba entrañablemente á sus hijos y tenia abierto siempre su bolsillo para los necesitados, tenia por cosa tan natural é inocente el tratar á los esclavos á latigazos, que trataba al suyo con más rigor que los europeos tratamos á las bestias.

Resistíme á creer lo que me contaba mi amigo, y este, para probarme que no habia exageracion en sus afirmaciones, se empeñó en llevarme á la tertulia de la señora americana. Hízolo así, y hallé á la señora jugando con un latiguillo de mango de plata. Poco despues de mi llegada, ocurriósele no se qué cosa, y apenas tiró de la campanilla, se le presentó, en la actitud más humilde, un negrito á quien se puso á dar latigazos, como distraida, mientras le encargaba no recuerdo qué. El pobre negro cada vez que sentia el látigo en la cabeza se estremecia de dolor, pero no revelaba espanto ni extrañeza por la crueldad de su señora.

Esta dolorosa y repugnante escena se repitió varias veces durante el tiempo que permanecí en la tertulia, y como al fin me decidiese á reconvenir por ello á la señora, por supuesto en los términos más corteses que me fué posible, la señora me contestó:

—Tiene usted razon; es una pícara costumbre la que tenemos en América de castigar á los esclavos;

pero qué quiere usted, se acostumbra una á ello
desde la niñez y lo hace maquinalmente. Es verdad
que los esclavos son hombres, pero nos acostumbramos á ver en ellos sólo bestias y sacudimos en su
cabeza ó su espalda el látigo como le sacude usted
en las ancas del caballo que monta, sin pensar si le
duele ó deja de dolerle.

Cuando presencié esto y cuando leí párrafos como
los que dejo trascritos, pensé con profundo dolor y
profunda vergüenza que la esclavitud humana tambien existe en parte de los dominios de doña Isabel II, reina católica de España, en cuyo nobilísimo
corazon siempre encuentran piedad y amor la debi-
lidad y el infortunio. Informes multiplicados, con-
testes y fidedignos, me han dado la certidumbre de
que en nuestras Antillas la esclavitud apenas tiene
de tal más que el nombre, pero aunque asi sea, es
vergüenza y dolor muy grandes que en el siglo XIX
la gloriosa nacion que llevó al Nuevo mundo la religion cristiana, que es la redentora de la humanidad, tolere en sus dominios el nombre de esclavos.
Dicenme que la esclavitud es indispensable en nuestras Antillas, cuya prosperidad desapareceria si la
esclavitud desapareciese. Yo no sé si esto es verdad
ó deja de serlo, pero sé que la esclavitud es en todas
partes una gran vergüenza, un gran crímen, una
gran iniquidad, un gran sacrilegio. Sustituyan en

nuestras Antillas á los esclavos trabajadores libres, y si esto es imposible, «sálvense los principios y piérdanse las colonias» porque los principios de cuya salvacion se trata son los de la humanidad, son los de la justicia, son los de la religion cristiana, fuente de todo bien y de toda civilizacion.

Si un dia maldije á la república anglo-americana porque blasonando de libre blandia el látigo sobre millones de esclavos, hoy debo bendecirla porque ha abolido, si no de hecho, al ménos de derecho, la esclavitud en sus Estados, ó más bien debo bendecir á su primer magistrado, al presidente Lincoln, que con tan noble constancia sostiene en medio de una guerra asoladora sus cristianos y humanitarios decretos de emancipacion. Tal vez algun mezquino cálculo de esos que tan comunes son en los hombres politicos, se disfrace con estos nobles decretos; tal vez haya quien sospeche que no ha decretado sinceramente la libertad de los esclavos quien niega la de separarse de la Union á Estados que libremente ingresaron en ella; pero altísima gloria cabe de todos modos al que cuando era simple ciudadano dijo en alta voz: «abomino la esclavitud humana!» y esto ha dicho y probado desde el sillon presidencial.

Vea usted, amigo mio, como no se equivocaba usted al suponer que yo abominaba tambien la esclavitud. Sí, la abomino como hombre, como vizcaino

y como cristiano. Sí, la abomino como hombre, porque debo amar la dignidad de mi especie, la abomino
como vizcaino porque he nacido á la sombra del primer árbol de la libertad, la abomino como cristiano
porque la religion de Jesucristo la ha abominado
siempre y siempre ha pugnado por la libertad humana. Amaos los unos á los otros, dice Jesus á los
hombres, y muere en una cruz por la redencion del
género humano. ¡Cómo los que nos llamamos cristianos hemos de ver sin profundo dolor, sin profunda
indignacion, sin profunda vergüenza, que el hombre,
lejos de amar y honrar al hombre, levante á toda
hora sobre él un infame látigo y le degrade hasta el
punto de confundirle con las bestias!

Hace usted bien en no manchar sus honradas manos con el dinero de Judas. El Señor ha dicho: «No
hay cosa más inicua que el que ama el dinero.»
Cuando torne usted á nuestras nobles montañas no
oirá usted en ellas la terrible voz del profeta de las
Lamentaciones que en todas partes turba el sueño
y la vigilia del injusto clamando: «¡Ay del que labra
su casa con injusticia!»

coge casi todo su caudal en los concejos de Sopuerta
y Galdames, situados á poco más de una legua del
mar en el centro de las Encartaciones.

Subiendo, pues, por el profundo y verde y pin-
toresco valle por cuyo fondo corre el Somorrostro
dando movimiento á ferrerías y molinos, se ve en la
falda de las montañas de la derecha, entre bortales
y castañares, una aldeita de 24 vecinos, que se llama
Montellano y corresponde al concejo de Galdames.

Esta aldeita carece hoy de monumentos antiguos,
pues ya no existen los dos que conservaba en el siglo
pasado, que eran la torre de Ubari y la denominada
del Gallo; pero consta que en el siglo xiv aquel sitio
estaba ya poblado con el nombre que hoy lleva, pues
allí tenian sus casas solariegas varios linajes, entre
ellos el de Ortiz de Montellano, del que procedia mi
abuela paterna.

El nombre de Montellano es un poquito traido por
los cabellos, porque en honor de la verdad, hay que
decir que la aldea tiene que hacer hincapié para no
bajar rodando al rio que oye murmurar allá abajo,
allá abajo..... Pero Montellano sabe muy bien defenderse y áun desquitarse de las bromitas con que
le mortifican los moradores de las aldeas inmediatas
á propósito de su nombre y á propósito de otras
cosas. Montellano ha producido más de una vez ha-
bilísimos *cantadores*, y aquí debe advertir mi mo-

destia que no me incluyo en su número, como maliciosamente pudieran sospechar los que saben que por casualidad nací allí. El más célebre de los cantadores montellaneses fué un tio mio conocido por el apodo de Vasco, y tan diestro en componer cantas, que se dice pasaba las horas enteras hablando en verso. Me parece que le estoy viendo con sus zapatos de hevilla, sus polainas, calzon y chaqueta negros, su châleco de tripe azul, su ceñidor morado, su sombrero de alas levantadas por detrás é inclinadas por delante y su coleta gris peinada con mucho esmero; me parece que le estoy viendo en los nocedales de Carral, á la vuelta de la romería de Beci, haciendo desternillar de risa con sus cantas á la alegre multitud que le rodeaba.

Muchísimas cantas dignas de ser aprendidas y cantadas, y áun puestas en letra de molde se oyen en Montellano, pero entre ellas hay algunas que merecen especial mencion en este artículo, porque prueban en primer lugar que los montellaneses no dejan que impunemente se les «tome el pelo» y en segundo que no pierden ripio para ensalzar la hermosura de su aldea.

Las que voy á trascribir deben ser obra de mi tio Vasco, pero sean de quien sean, han hecho un gran bien á Montellano, porque se cantan en todas las Encartaciones por la única razon de que suenan bien,

y aquí vemos la gran habilidad con que el cantador
montallenés consiguió que se ensalzara á su aldea
hasta en las que más se burlaban de ella. Esta observacion me lleva á otra muy oportuna. Si yo tuviera la habilidad de mi tio Vasco, compondria un
millar de cantas alabando á Vizcaya asi como quien
no quiere la cosa; las echaria á volar por toda España, se aprenderian y se alabaria á Vizcaya como
en toda España se alaba el cielo de Navarra y la
gracia de las navarras, porque á un navarro á quien
plagian andaluces y gallegos, le dió la humorada de
cantar:

El cielo de la Navarra
está vestido de azul;
por eso las navarritas
tienen la sal de Jesus.

Demos algunas pruebas de la habilidad del cantador montellanés. Empiezan las pullitas sobre si Montellano está en llano ó está en cuesta, y el cantador
hace decir á su querida aldea:

Montellano ó Montecuesta
que el nombre es chica cuestion,
soy el lugar más alegre
de toda la Encartacion.

Algun galdamés habla con desden de Montellano
y el cantador le chafa con este ingenioso epígrama:

A. Galdames le dijo
Sopuerta un dia,
si no por Montellano
¿tú qué serias?

Quiere el cantador montellanés elogiar la hermosura de su aldea, compuesta de cuatro barrios, y. le
entona el cántico siguiente:

Las Casas y Seldortan,
Avellanal y Acabajo,
forman un ramo de flores
que se llama Montellano.

Cuéntase que en las laderas del Llangon, que así
se llama el monte en cuya falda está la aldea, se
cortó una encina para labrar de su tronco la imágen
de la Vírgen que se venera en la iglesia, y. al echar
á rodar el tronco para labrarle más abajo, uno de
los operarios gritó á uno de sus convecinos que pasaba por la hondonada:

Arrodíllate, hermano,
que baja la Vírgen de Montellano.

El de la hondonada se arrodilló y el tronco le hizo
pedazos. Los de las aldeas cercanas tomaron de aquí
pretexto para motejar de tontos á los de Montellano,
pero el cantador montellanés les metió el resuello en
el cuerpo diciendo:

Nunca han nacido tontos
en Montellano.

Cada uno que aquí nace
sabe por cuatro.

Es el dia de Santa Ana, y los que vuelven de la
romería de la Baluga se detienen en torno de la
venta del Arenado para remojar la palabra ántes de
dirigirse, unos á Montellano, á Galdames otros y á
Somorrostro los demás. A propósito del vino que
beben, hablan de agua, y cada uno elogia la de su
aldea sosteniendo que el vino del Arenado ganaria,
lejos de perder, si le bautizara con ella la ventera en
lugar de bautizarle con el agua de alguno de los tres
rios que se juntan en uno cerca de la venta. Y entónces el cantador montellanés resuelve la cuestion
cantando :

> Para fuentes, Montellano,
> Montellano, para sol,
> Montellano, para todo
> lo bueno que Dios crió.

Por último, alguno de los montellaneses trata de
meter miedo á los somorróstranos con cuentos de
aparecidos cuyo recuerdo no ha de serles muy grato
al caminar de noche por las sombrias y solitarias
orillas del Somorrostro, y cuenta el siguiente, que
yo, como tonto de Montellano, creia á piés juntillas
cuando niño: Habia en Montellano un cantero llamado Mánu y un cura que se llamaba D. Francisco
Hurtado de Saracho. Muchos dias, al anochecer,

cura y cantero solian reunirse en el Arenado, yendo
el primero de las conferencias que tenia el cabildo
en Galdames y el segundo de trabajar en Sopuerta, y juntos emprendian la subida á Montellano, el señor cura caballero en su mula y el cantero caballero en la de San Francisco. Charlaban
larga y cordialmente, y con un «buenas noches, señor D. Francisco» y un «que descanses, Mánu,» se
separaban en el sombrío castañar de Traslacueva,
cercano á la casa del párroco, dirigiéndose cada cual
á la suya. Un dia fué D. Francisco á conferencias,
que no se habian verificado hacia muchos meses, y
al volver encontró al cantero en el Arenado. Subieron juntos, segun costumbre, y se despidieron en el
castañar; pero cuál no sería el terror del señor cura
cuando apenas se despidió del cantero, se acordó de
que el cantero habia muerto hacia quince dias! Este
cuento parece inverosímil á los somorrostranos, y
estos, al seguir su camino rio abajo se burlan de la
credulidad de los montellaneses, quienes al seguirle
monte arriba, cantan recordando que hay muchas
viñas en Somorrostro y que los somorrostranos han
empinado bien junto á la venta:

> Somorrostrano
> tripa de viento
> ¡cómo te gusta
> lo del sarmiento!

Somorrostrano
tripa de pez,
agua del rio
bebe otra vez.

II.

Las veinticuatro casas de que consta Montellano están, como he dicho, distribuidas en cuatro grupos esparcidos en la falda oriental del Llangon y separados unos de otros de quinientos á mil pasos. Dominando á los cuatro barrios se alza en la linde de un frondoso castañar la humilde iglesia de Santa María, y paralela á la iglesia, al otro extremo del castañar y tambien dominando á la aldea, blanquea en un bosque de frutales la casa del señor cura.

Por más que al *yo* se le haya llamado satánico, es imposible, en cierta clase de escritos, prescindir de él. Que el periodista use el *nosotros*, es cosa muy lógica, porque rara vez deja de representar una colectividad de hombres é ideas; pero que le use el que por cuenta propia escribe un libro ó simplemente unos recuerdos personales como estos, es de las cosas más ridículas que uno se echa á la cara. Yo he leido un artículo de costumbres que empezaba de este modo: «Acompañábamos un dia á nuestra esposa.....» de

suerte que el articulista por huir del *yo* que creia
inmodesto, se daba aires de rey ó pontífice usando
el *nos* y hacia á la pobre de su mujer esposa de varios maridos. Adelante, pues, con el yo, que cuando
San Agustin le puso en sus *Confesiones* y la iglesia
en el *Yo pecador*, no será tan satánico, usado, por
supuesto, como Dios manda.

Mi madre era pintiparada á mí en su aficion á la
aldea donde habia nacido y se habia criado. Como
habia nacido y se habia criado en Montellano, siempre estaba hablando de su aldea y deseando ir á ella,
á lo cual sin duda contribuia la circunstancia de que
desde aquella á donde fué á vivir apenas me echó á
este mundo, la veia blanquear allá á lo lejos, en las
montañas del otro extremo del valle. Algunas veces,
cuando reinaba el viento del Norte, oíamos desde las
heredades las campanas de Montellano, y á mi madre
se le saltaban las lágrimas de alegría. Yo no tenia
tanta aficion como ella á ir á Montellano, porque
mis recuerdos y mis amores de niño estaban naturalmente, no donde habia nacido, sino donde me habia criado; pero áun así iba muy á gusto con mi
madre por dos razones: la primera, porque iba mi
madre conmigo; y la segunda, porque siendo parientes nuestros la mitad de los montellaneses, llovian en
mis manos los cuartos y los tortitos.

Allá por los primeros tiempos á donde alcanzan

mis recuerdos, estaban desiertos los castañares que
atraviesa el camino que va del barrio de las Casas á
la iglesia, y en una colinita cubierta sólo de árgomas
y brezos que estaba pasado el vallecito de la fuente,
solia yo ponerme á contemplar el hermoso y dilatado
paisaje que desde allí se descubria. A mis piés estaba
la aldea cuyos cuatro barrios parecian preparados á
jugar á las cuatro esquinas bajo la presidencia de la
iglesia. Allá abajo en la hondonada, oia rugir el rio,
y de trecho en trecho, á través del ramaje, veia bri-
llar sus aguas azules. A mi izquierda descubria los
desnudos picos de Somorrostro, que segun la tradicion, eran tres jigantes que se desnudaron para ba-
ñarse en el mar y Dios los convirtió en picos porque
no se santiguaron al ir á dar el salto. A mi frente, y
un poco hácia mi derecha, se estendia el concejo y
se alzaban las montañas de Goldames, donde me
inspiraban terror, mirándome como dos enormes ojos
negros, la cueva de Urállaga, cuya pupila es un
templo y cuyas lágrimas son un rio, y la de Arte-
cona, que anuncia la variacion del tiempo arrojando
una columna de blanco vapor semejante al humo de
las locomotoras. Por último, á mi derecha se dila-
taba la hermosa llanura de Sopuerta dominada por
las ruinas de la iglesia de San Martin que figura ya
en las donaciones del siglo xii, y veia á la histórica
Avellaneda que asoma su noble cabeza foral por en-

tre dos altas montañas para contemplar á Sopuerta, y sólo alcanza á ver á Montellano.

Por aquel mismo tiempo se hablaba mucho del singular método de vida que observaba el cura de Montellano, quien habia construido á espaldas de la iglesia una rústica celdilla en la que pasaba solitario los dias y las noches, sin permitir que nadie, ni sus hermanos ni su madre, penetrasen en ella. Lo único que se sabia era que el señor cura vivia muy ocupado, pues de aquella celda salian instrumentos de labranza y hasta telas de hilo, fabricados unos y otras por el párroco, que regalaba á los pobres aquellos frutos de su laboriosidad y su ingenio.

Como el señor cura era y es celosísimo en el desempeño de su ministerio; como era caritativo y como en todos conceptos su vida era la de los justos, los aldeanos, inclinados de suyo á pensar piadosamente, empezaron á creer y decir que el señor cura hacia vida santa, y hasta aseguraban que poseia el don de hacer milagros. El señor cura se alarmó al saber lo que se decia y creia de él, y tuvo por un deber de conciencia el abandonar un sistema de vida que daba lugar á que se le supusiesen virtudes que no poseia.

Pero ¿qué razon le habia movido á vivir de un modo tan incómodo á la sombra de su solitaria iglesia, en vez de vivir con comodidad al lado de su santa y anciana madre, á quien amaba entrañablemente? Quizá tuviese alguna más que la que yo conozco, porque nunca le he interrogado sobre el particular, pero la que yo conozco y de público se conoce es esta: su madre, criada en un caserío del interior de Vizcaya, apenas sabia el castellano, y como para buscar un confesor que la entendiese tendria que emprender un largo viaje, que hacia imposible su delicada salud, tenia que confesarse con su hijo. Este, pues, pensando más ó ménos acertadamente, creia que viviendo separado de su madre, habria entre ambos ménos familiaridad y su madre tendria ménos reparo en abrirle su corazon en el tribunal de la penitencia. Por otra parte, este sacrificio debia ser para él ménos penoso que para otro lo hubiera sido, porque siendo aficionadísimo á la mecánica, podia dedicarse á ella en aquella soledad sin que nadie fuese á interrumpirle.

El señor cura de Montellano dejó, pues, su solitario retiro para que no se dijera que hacia vida santa, y fué á ejercitar su actividad y su ingenio en otra parte, precisamente en aquella colinita donde yo gustaba detenerme para contemplar el paisaje que se ofrecia á mis ojos.

La última vez que fuí á Montellano á despedirme de mis parientes para ausentarme lejos de las montañas natales, pasé al vallecito de la fuente para subir á la colina, y me encontré en esta con una gran no-

verdad: la colina estaba cercada de cárcaba y dén-
tro del cercado acababan de plantar multitud de
árbolitos, y se alzaba una casita blanca en cuyo
adorno interior trabajaba por sus propias manos el
señor cura.

Sobre veinticinco años despues volví á Montellano. No quiero entretenerme en contar lo que sentí
al volver á pisar aquellos sitios que tantos recuerdos de la infancia y de la familia tenian para mí, que
harto uso he tenido que hacer de mis recuerdos personales para llegar al señor cura, objeto principal
de este capítulo. Poco despues de salir el sol, oí que
tocaba á misa la campana de Santa Maria y me di-
rigí á la iglesia, no desde el barrio de las Casas y
por tanto por el vallecito de la fuente, sino desde
otro barrio.

Apenas llegué, el señor cura apareció en el presbiterio. Creia yo encontrarle agobiado por los años
y el trabajo y le encontré lleno de vigor y salud. Su
cara revelaba la paz del alma y la salud del cuerpo
que pocas veces niega Dios á los que hacen buen
uso de la vida. Terminada la misa, en vez de ale-
jarme de la iglesia como los demás que habian asistido á ella, entré en la sacristía á saludar al señor
cura en cuya compañía salia poco despues del templo
con los ojos húmedos, porque el señor cura no habia
querido que pasáramos sin rezar un Padre nuestro

por encima de aquellas losas que cubrian los huesos
de su madre y los de mis abuelos.

II.

Entre los enormes castaños que hay delante de la
iglesia de Montellano, hay uno á cuya sombra no
pude ménos de detenerme. Dice nuestro erudito Iturriza que el castaño crece hasta los ochenta años y á
los ciento empieza á declinar; pero si la regla general
es esta, debe, como todas, tener sus excepciones,
porque el corpulentísimo árbol á cuyo pié nos detuvimos el señor cura y yo, conserva todo su vigor aún
y hace treinta años estaba como ahora, y mi madre
decia que siempre le habia conocido así y así le habia
dicho la suya que le habia conocido siempre ella.

—Por qué, Señor, no nos ha de ser dado á los
hombres ver reunidas bajo este árbol todas las generaciones que han descansado á su sombra! exclamé
con tristeza, y el señor cura me contestó sonriendo
benévolamente:

—Ya nos lo es, amigo mio. Dios nos ha dado la
facultad de verlas al darnos el pensamiento, que vale
mucho más que la longevidad de estos árboles.

Y en efecto, mi pensamiento vió entonces una por-

cion de generaciones de aldeanos que pasaban por
bajo de aquel árbol hácia la iglesia, primero á purí-
ficarse con el agua del bautismo, despues, á pedir á
Dios consuelo y aliento para no desmayar en el trabajo; y por último á buscar el descanso eterno bajo
aquellas losas en que nosotros dejábamos una oracion
y una lágrima.

Caminamos por el castañar, y de repente apareció
á mis ojos un bosque de lozanísimos frutales que
daban sombra á una casa tan modesta como hermosá,
que es como deben ser las casas y las muchachas de
la aldea.

Oíase en la casa, entre la algarabía de gallinas y
cerdos, la voz de una mujer que reñia y amenazaba
con que iba á hacer y acontecer si no la dejaban
en paz.

—No se alarme usted creyendo que en mi casa va
á haber alguna desgracia, me dijo el señor cura sonriendo. Mi ama de gobierno siempre está amena-
zando de muerte á la *familia* que tanto la alborota
pidiendo el almuerzo; y cuando hay que matar una
gallina en casa tiene que venir de fuera el verdugo.

Entramos en la casa, compuesta, como casi todas
las de nuestro país, de piso bajo, principal y payo ó
sobrado, y allí comencé á admirar el ingenio del señor cura. Un hermoso reloj de campana colocado en
la sala dió las ocho, y el señor cura me dijo que todo
15

él era obra suya, añadiéndome que no estaba satisfecho de su trabajo porque aún no habia podido concluir una maquinita que diese la voz de atencion ántes de sonar la campana. ¿Qué maquinita era esta? Uno de mis amigos que ha tratado mucho al cura de Montellano, ha satisfecho mi curiosidad despues de la visita que voy describiendo. El señor cura quiere que cuando el reloj vaya á dar la hora, un ángel rompa un grupo de nubes, y apareciendo entre estas exclame *Ave María llena de gracia*, y parece que valiéndose de una serie de fuellecitos, ha realizado ya una gran parte de su singular intento.

Antes de pasar más adelante debo decir que lo que más sorprende en los inventos del cura de Montellano es la sencillez: la naturaleza es su gran modelo, su gran maestro, su gran recurso. Cuando me enseñaba la casa, entramos en el comedor y ví al ama *pellizcando* castañas para ponerlas á asar ó á cocer. Era en el mes de Agosto, y por consiguiente la estacion en que más deben sorprender á uno las castañas frescas. Aquellas lo estaban como si acabasen de salir del erizo verde, y no pude ménos de manifestar mi sorpresa al señor cura.

—Yo soy, me contestó este, aficionadísimo á las castañas y sentia mucho verme privado de ellas una gran parte del año, porque conservándolas en las ericeras, como algunos las conservan, toman un de-

testable gusto á humedad, se hacen leñosas y se
pierden por completo así que empiezan á brotar, á
fin de Febrero. Una mañana de Junio, hace cosa de
veinticuatro años, disparé una perdigonada á un
tordo que con una audacia nunca vista, se obstinaba
en comerme las guindas de un guindo que está en el
seto de la huerta, y el tordo cayó á la parte de afuera
del seto. Buscándole entre las hojas secas de castaño, encontré una castaña perfectamente conser-
vada y fresca, y lo primero que hice fué preguntarme
cómo se habia conservado aquella castaña. Creyendo
haberlo adivinado, cuando vino la próxima cosecha
puse en un cajoncito una capa de hojas secas de castaño, sobre ellas otra de castañas, sobre estas otra
de hojas, y así, alternando las hojas con las castañas, llené el cajon, le cerré y le guardé. Por Febrero calculé que era necesario impedir la germina-
cion de las castañas, abrí el cajon y ví que se habian
conservado perfectamente, gracias á la moderada
humedad que su jugo mantenia en las hojas. Cambié
las hojas con otras completamente secas, y cuando
algunos meses despues volví á abrir el cajon, encontré las castañas tan sabrosas y tan frescas como
las que usted está viendo.

—Vea usted por donde Dios le vino á usted á ver...
—Amigo, Dios siempre nos viene á ver cuando
salimos á su encuentro.

—Y usted, por supuesto, no habrá revelado más que á algun amigo de confianza su modo de conservar las cástañas?

—A todos los que me lo han preguntado. Así es que por aquí está ya generalizadísimo.

—No todos hubieran hecho eso.

—Y por qué no? Acaso sabe mejor el pan tierno cuando uno sabe que los demás lo comen duro?

—Es milagro que siendo tan sencillo no hubiese sido ya conocido ántes el método ideado por usted.

—No sé si lo era ya en alguna parte, pero sí que yo no le conocia hasta que la casualidad me le dió á conocer (1).

---

(1) Publicóse este *capítulo* en los periódicos por Octubre de 1863, y desde luego fueron muchas las personas que adoptaron el método del cura de Montellano para conservar las castañas, con tan feliz resultado para mí, que durante la primavera y el verano siguientes en mi casa han abundado las castañas frescas que de muchos puntos de las provincias vascongadas me enviaban aquellas personas. Temeroso el señor cura de que la concision con que expliqué su método fuese causa de que no todos preparasen bien el fruto, me envió y publiqué las siguientes aclaraciones:

«En primer lugar se hace acopio de hoja seca y limpia de castaño á fines de Octubre. Es bueno, aunque no indispensable, que la castaña sea de buena calidad y se quite del árbol bien sazonada. Conviene que se cure bien en su ericera conservándola en ella algunos dias más de lo acostumbrado. Los que la compren en la plaza deben hacer el acopio á primeros de Diciembre, y cuidar de que no se hayan golpeado mucho al sacarlas del erizo. Asi que se sacan, á mano, y no á golpe, se extienden por espacio de dos dias, hasta que se enjugue el sudor visible que sacan del erizo. En seguida se procede á su colocacion en el depózito donde se han de conservar, que debe ser una arca vieja ó cajon bien cerrado para que no entren ratones ni viento. Es absolutamente necesario que las castañas sólo se toquen una á otra por los cos-

Volvimos á la sala, y el señor cura, sacando una llavecita, al parecer de las comunes, abrió la puerta de un gabinete donde tenia su dormitorio. En aquel gabinete vi una porcion de máquinas tan sencillas como ingeniosas, y entre ellas llamó mi atencion una que empezó á andar apenas el señor cura la tocó con el dedo índice. Aunque yo supiera describir aquel mecanismo, no lo haria por razones de delicadeza que son fáciles de comprender, pero sí diré que determínaban y sostenian el movimiento unos muelles

---

tados, ó lo que es lo mismo, que no quede una castaña encima de otra. Puesta la primera camada de hojas, se echa un plato de castañas, sujetando las hojas con la mano izquierda para que no quede ninguna levantada, y con la palma de la mano se extiende el fruto á fin de que la capa de castañas no tenga más espesor que el de una de estas. Asi que se halle cubierta de castañas la primera camada de hojas, se irá procediendo á la colocacion de las sucesivas, teniendo mucho cuidado para que no se trastornen las ya colocadas. La última camada de castañas se cubre con otra mayor de hojas, y estas con tablas, ladrillos, etc. Basta la interpolacion de dos hojas entre cada dos camadas de castañas, pero es mejor que sean cuatro ó cinco porque asi resisten más la humedad. Llegado el último de Febrero, se levanta toda la provision, se separa á un rincon del sobrado la hoja húmeda, se tiran las castañas que se hallen podridas, y acto contínuo se vuelve á hacer la colocacion con nuevas hojas, por el método indicado, cuidando que sea en dia húmedo para que no se ventile el fruto. Para ir gastando las castañas se van sacando por camadas y con cuidado y curiosidad, retirando las hojas. Estas pueden servir para dos años con tal que al aplicarlas estén bien secas. Si por la escasez de hojas las camadas son delgadas, la remuda será más frecuente, y aua deberá hacerse la segunda á principio de Agosto. En Montellano hemos visto las castañas estallar en el tamboril el dia de los santos Reyes después de existir tres años, á saber: el de la cosecha, el siguiente entero y seis dias del tercero. Consiste en la calidad del fruto y buen gobierno para conservarle.

José María de Sagarminaga.

hechos de sierrecitas viejas y unos péndulos que consistian en listones de madera con una piedra en el extremo inferior.

—¿Qué máquina es esta? pregunté al cura.

—Esta tiene hoy movimiento limitado, pero aunque usted se ria de mí, le diré que pretendo dársele contínuo.

—Dicen las personas más entendidas en dinámica que el movimiento contínuo es una quimera.

—La opinion negativa de las personas que saben más que yo es lo único que me desanima á seguir trabajando en esta maquinilla.

—¿Pero seguirá usted?

—Seguiré para ver hasta donde llegan mis débiles fuerzas.

Debajo de un crucifijo que estaba á la cabecera de la cama, vi una anillita y pregunté al señor cura cuál era su objeto.

—Cuando despierto, me contestó, y quiero saber qué hora es, se lo pregunto al reloj de la sala, tirando de esta anillita, y al instante me contesta, como va usted á ver ahora.

En efecto, el señor cura tocó la anilla y el relój nos dijo inmediatamente, con su sonora y robusta voz, la hora justa que era en aquel momento.

Salimos del gabinete y el cura cerró la puerta con llave. Dióme la llave y me pidió que abriese con ella como él había abierto; pero todos mis esfuerzos para abrir fueron inútiles.

Bajamos á la portalada y el señor cura me instó á que abriese la puertecilla de la huerta que no tenia más que una taravilla. En vano procuré levantar la taravilla, que se abrió apenas el señor cura la tocó con el dedo.

—¿Estamos seguros? dije sonriendo al entrar en la huerta.

—¿Por qué?

—Porque he oído cantar en las Encartaciones:

> En la huerta del cura
> de Montellano,
> hay miel, y fruta, y flores
> y escopetazos.

Esplíqueme usted el último verso de esta copla.

—En efecto, el que asalte mi huerta, por cualquiera parte que sea, puede estar seguro de que apenas ponga el pié dentro, recibe un escopetazo.

—Y quién se le dispara?

—Un guarda que siempre está despierto. Ahora le verá usted.

Siguiendo al señor cura, que me recomendó no me apartase del sendero que él seguia, llegamos al centro de la huerta. Allí vi una escopeta colocada horizontalmente sobre una estaca. De un aparato sencillísimo, adherido á la estaca, partian á toda la

circunferencia de la huerta unos alambres que ca-
minaban ocultos entre la yerba y la tierra. Apenas
el que asalta la huerta pisa uno de estos alambres,
la escopeta gira rápidamente y, apuntando en direccion del alambre pisado, dispara sin errar nunca el
tiro.

Me estremecí al pensar el terrible castigo que
aquel aparato podria dar al que incurriese en la leve
falta, en que yo he incurrido más de una vez, de saltar un seto para coger un melocoton ó una flor, pero
pronto me tranquilicé considerando que el cura de
Montellano, tan desinteresado, tan bueno, tan religioso, no ha nacido para imponer sangrientos castigos sino para dar ejemplos de laboriosidad y desinterés.

Dícese que el miedo guarda la viña. Tambien
guarda la huerta del cura de Montellano, cuyo seto
de seguro no salta ninguno de los que saben la canta
que he citado, por más que les dé dentera la rica
fruta que dentro de aquel seto se ostenta.

Sin embargo, no todos han oido aquella canta.
Cuéntase que un tejero asturiano que trabajaba hácia el ilso de Otañez vino un dia á Portugalete á
hacer ciertas compras, y como á la vuelta le anoche-
ciese en Somorrostro, quiso atajar por las laderas de
Montellano en vez de seguir la carretera. Al pasar
junto á la huerta del cura con su saco al hom-

bro, vió á la luz de la luna los árboles cargados
de fruta y quiso *hacer hinchada,* como dicen los muchachos del valle del Ibaizabal; saltó el seto, recibió un tiro y cayó al suelo gritando «¡muerto soy!»
Al oir el cura el tiro y el grito, se sonrió, salió á la
huerta, hizo ver al tejero que le habia derribado el
miedo y no la rociada de sal molida con que estaba
cargada la escopeta y le habia dado en las pantor-
rillas, le echó un sermoncito sobre la conveniencia
de observar el sétimo mandamiento, le llenó el saco
de fruta y le enseñó un sendero por donde debia proseguir su camino.

No suele ser tan benéfico el cura con las alima-
ñas que rondan su gallinero y su colmenar. En un
ángulo de la huerta que da á un espeso bosquecillo,
tiene el vallado un agujero que está brindando á entrar á los gatos monteses y los raposos. La escopeta que gira hácia aquel agujero, está cargada con
perdigon lobero, y no hay alimaña que al asomar por
allí no pague con la vida su golosina.

Repito que todas las invenciones del señor cura
son tan sencillas, que al verlas no puede uno ménos
de decir: «¡Pero señor, cómo no se me habrá ocurrido á mí esto!» Esta exclamacion se escapa tambien involuntariamente al ver una máquina para matar topos que el señor cura me enseñó.

El ama, excelente mujer á quien la difunta ma—

dre del señor cura al irse al cielo dejó encomendado
que cuidara la casa y los modestos intereses de su
hijo como ella los habia cuidado y la habia enseñado
á cuidar, alborotó una mañana con sus gritos de indignacion aquel pacífico paraíso. Era el caso que un
topo aficionado á la minería como tantos y tantos
topos á quienes tal aficion ha costado los intereses
y la vida, se habia empeñado en buscar no sé qué
filon en la huerta del señor cura, y habia llenado de
agujeros y montoncitos de tierra aquellas senditas y
aquellos cuarteles en que la buena del ama parecia
mirarse como en un espejo.

El señor cura, por aquietarla, le prometió que el
topo las pagaria todas juntas, y pocas horas despues
se habia cumplido su promesa. ¿Cómo? Véamoslo.
El cura habia observado ú observó entonces, que el
topo, buscando alimento ó simplemente por tener el
gusto de hacer paseos cubiertos, en lo cual aventaja
á las municipalidades de Madrid y otras capitales,
va perforando una mina en sentido horizontal, á algunas pulgadas de la superficie de la tierra, y naturalmente de trecho en trecho va arrojando fuera la
tierra que le incomoda. Hecha esta observacion, cogió una tabla; hácia la parte media de la misma
puso dos hileras trasversales de clavos agudos y largos á distancia de seis pulgadas una de otra, retiró
con cuidado la tierra de la topera que le pareció más

fresca, hasta dejar descubierta la mina, observó la dirección que esta tenia en uno y otro sentido, plantó en medio de ella una tablilla y apoyó en esta la tabla de los clavos en la dirección de la mina y con las hileras de clavos hácia abajo, colocó sobre la tabla una gran piedra; cubrió con la tierra que habia retirado de la topera la tablilla en que se apoyaba la tabla y se retiró muy seguro de que el topo no tardaria en convencerse de que para dedicarse á la minería hay que tener los ojos muy abiertos.

El topo volvia poco despues por su paseo cubierto recreándose en su obra, como se recrean los ayuntamientos de Motrico, Deva y otras poblaciones de nuestro litoral que los han construido muy lindos y muy útiles, cuando *topó* con un obstáculo que no le dejaba pasar adelante.

—¡Qué demonio será esto! exclamó. Algun hundimiento sin duda. Hé aqui por qué hace muy mal el gobierno en consentir los túneles sin revestir.

Y hocicada por aquí, hocicada por allá, sudaba el quilo para desembarazar el paso, cuando así que movió la tablilla, cayó la tabla á que servia de tente mozo, y una de las hileras de clavos dejó muerto al topo sin decir Jésus.

Desde entonces en la huerta del señor cura ofrece la minería casi tantos peligros como en los montes de Triano.

IV.

Si fuese yo á referir los rasgos de ingenio que en las Encartaciones he oido atribuir al cura de Montellano, ocuparia todas las páginas que restan á este libro. Es muy posible que haya alguna exageracion en estas relaciones de los encartados, porque el pueblo es generalmente dado á la exageracion y el encartado no deja tambien de serlo, como lo prueban los increibles alardes de fuerza que atribuye al Fuerte de Ocháran.

Parece que el señor cura tenia hace algunos años junto á su casa una porcion de losas que habia hecho traer de una cantera y destinaba á asiento de las colmenas, y casi todas las mañanas se encontraba con una losa de ménos, que se llevaba uno de sus vecinos á hora avanzada de la noche.

El señor cura determinó dar un buen susto al ladron y escarmentarle de modo que no quedase regostado para volver por más losas.

No se qué aparato puso en el sitio donde estas estaban, pero es el caso, que apenas el ladron movió la losa, se alzó del suelo una estaca y el ladron recibió un estacazo que le hizo huir medio deslomado.

Años atrás, los periódicos daban cuenta todos los dias de numerosos robos sacrílegos perpetrados en la mayor parte de las provincias de España. Aunque felizmente á las iglesias de Vizcaya no habia llegado tan inicua profanacion, el anciano y celosísimo párroco de Nuestra Señora de Mercadillo, D. Francisco de las Herrerías, trató por todos los medios de asegurar las puertas de aquel templo, y encargó á un cerrajero de la aldea que hiciese á toda costa nuevas llaves y cerraduras para la puerta principal de la iglesia.

Propúsose el cerrajero hacer una obra maestra, y tal la hizo, que de las aldeas inmediatas iba la gente á Sopuerta á admirar las llaves de la iglesia de Mercadillo.

Pasados algunos meses, los curas de Sopuerta y Galdames acordaron tener conferencias en la sacristía de la iglesia de Mercadillo. El presidente de estas conferencias era el cura de Montellano.

Llegaron una tarde al campo de la iglesia. La sacristana, que tenia las llaves del templo, se hallaba en una heredad lejana; llamáronla y tuvo que dejar su trabajo para ir á abrir la iglesia.

—¡Pobre Manuela, cuánto sentimos haberte incomodado! le dijo el cura de Montellano. Cuando vengamos otro dia ya te evitaré yo esta molestia.

Otro dia, cuando llegó á Mercadillo el cura de

Montellano, ya estaban allí sus compañeros y le ma-
nifestaron que habían avisado á la sacristana.

—Lo siento, porque no había necesidad de inco-
modarla, dijo el cura de Montellano, y acercándose
á la puerta de la iglesia, la abrió con la mayor faci-
lidad en medio del asombro de cuantos estaban pre-
sentes.

Calcúlese cuál no seria el de la sacristana, cuando
al llegar pocos momentos despues con las famosas
llaves en la mano, se encontró con que los señores
curas estaban ya en la iglesia.

Cuando por la noche contó á su marido lo que
habia pasado, este apenas lo quiso creer.

El mismo sacristan, persona veracísima, me ha
contado esto, añadiéndome que pocos dias despues
encontró al cura de Montellano y le preguntó :

—¿Es verdad, señor don José, que la otra tarde
abrió usted las puertas de la iglesia de Mercadillo
sin las llaves?

—Sí.

—¿Y con qué las abrió usted?

—Con esto, contestó el cura, sacando del bolsillo
y enseñándole un pedacito de hierro al que unió otro
pedacito de madera.

El cura y el sacristan se despidieron, el primero
admirado de la admiracion del segundo, y el segundo,
admirado de la habilidad del primero.

V.

El cura de Montellano todo lo utiliza. Si brota una zarza en las cercanías del seto de la huerta, en lugar de cortarla como hacen otros, la encamina por encima ó por debajo de tierra al seto, donde es tan útil como perjudicial seria en otra parte. Para ahuyentar las aves que vienen á comer las cerezas y otras frutas, generalmente se ponen en los árboles unos harapos oscuros que atemorizan el primer dia á las aves, pero de los que estas se rien al dia siguiente. El cura de Montellano tiene á las aves en continuo susto y alejamiento, poniendo en los árboles monigotes que imitan perfectamente al hombre, hasta en tener algunos de ellos dos caras. Más aún hace el señor cura: por medio de un mecanismo sencillo é ingenioso, como todos los suyos, hace que aquellos monigotes se muevan y oseen á las aves.

Admira la variedad de frutas que hay en aquella huertecita, admiran su hermosura y exquisito gusto, admiran las combinaciones de ingertos que el señor cura ha hecho, y sobre todo admiran la frondosidad y el desarrollo que allí tienen los árboles, gracias al esmero, ó mejor dicho, al amor con que su dueño los cuida y los protege.

No hay árbol que no esté embellecido por los recuerdos para el señor cura, y en ello muestra tambien éste su elevacion de sentimientos, porque los
recuerdos son una especie de religion que sólo tiene
culto en los corazones levantados. No olvidará él,
no, el árbol á cuya sombra gustaba sentarse su madre, ni aquél cuya fruta preferia aquella santa mujer. «Este melocotonero, dice, procede de un hermoso melocoton que cogió por su propia mano y me
regaló Fulano un dia que visité su huerta. Este
guindo, le descubrió mi madre entre las zarzas del
seto y por sus propias manos le trasplantó aquí. Un
pájaro venia volando, sabe Dios de donde, y al pasar
por junto á la iglesia dejó caer una cereza que tenia
en el pico, y de aquella cereza que yo recogí y en-
terré aquí procede este cerezo.» Y si el orígen de
cada árbol encierra para el señor cura un recuerdo,
la vida de los mismos es una serie de recuerdos que
embellecen la suya.

He hablado del amor con que cuida y protege los
árboles de la huerta y aún me parece poco expresiva
la palabra amor para calificar aquel cuidado y aquella
proteccion. El sostiene al arbolillo que carece aún
de fuerzas para resistir las del viento, como la madre
sostiene al niño cuyas piernecitas no pueden aún resistir la gravedad del cuerpo. Como la madre abre y
ensancha el vestidito del niño que oprime á éste é

impide su desarrollo, así él abre y ensancha el vestido de corteza que oprime y no deja desarrollar al
guindo. Cuando los árboles enferman por exceso ó
por falta de savia, les devuelve la salud *sangrándolos*
ó nutriéndolos. Abriga al árbol cuando hace frio, le
hace sombra cuando el sol quema, le da de beber
cuando tiene sed, ahuyenta los insectos que le ase-
dian, y destruye las espinas que le hieren, ni más ni
ménos que hace la tierna madre con el débil niño
que crece bajo su amparo.

—Casi no me puedo convencer, dice el señor
cura, de que estos árboles son seres insensibles é
irracionales. Como los he visto nacer y crecer dia
por dia y año por año, alegrándome con su prosperidad, entristeciéndome con su desdicha, y partici-
pando de sus dones como ellos han participado de
los mios, me parece que sienten hácia mí el agradecimiento y el cariño que yo siento hácia todo aquello
á cuyo lado paso la vida y cuyos beneficios recibo.
Y doy gracias á Dios porque me ha dado esta facultad de poblar el mundo de hermosos fantasmas y de
dar vida y sentimiento á lo que no lo tiene, porque
la vida debe ser muy triste y desconsolada para los
que sólo ven en ella la seca é infecunda realidad.

Asombrábame ver convertidos en árboles colosa-
les aquellos arbolitos que hacia veinticinco años habia
yo visto más débiles que la caña que se cimbrea á

orillas del Ibaizabal, y pensé en mí al pensar en ellos. No es egoismo, no es amor propio, nó, esta propension del hombre á tener siempre el yo en la mente y en los labios.—¿Qué nos importan á nosotros tus tristezas ni tus alegrías para que nos las vengas cantando? dice el vulgo al poeta. Calla, egoista, ó canta para tí solo!» Y sin embargo el poeta puede contestar al vulgo:—Mis alegrías y mis tristezas no son las mias, que son las del hombre.—¡Egoista! añade el vulgo encarándose luego con el filósofo. ¿Qué nos importa á nosotros tu individualidad para que la hagas danzar en todas tus especulaciones?—Y el filósofo puede replicarle:— Yo no soy yo, que soy la humanidad. Cuando quiero estudiar un sentimiento, necesito un individuo en quien observarle y elijo mi individualidad porque es lo que tengo más á mano.

Mi individualidad era la que tenia yo más á mano en aquel instante, y por eso pensé y dije al señor cura:

—Me ocurre una idea muy triste. ¡Cuánto han subido estos árboles que son plantas que no sienten ni razonan! y ¡qué bajo he quedado yo que soy hombre y tengo raciocinio y sentimiento!

El señor cura me preguntó sonriendo:

—¿Cuánta extension tendrá el horizonte que descubren estos árboles?

—Dos leguas lo más, le contesté.

—¿Y cuánta el que descubre usted con el pensamiento?

—¡Es infinita!

—Pues entonces, amigo mio, alabe usted al que le crió á su imágen y semejanza. Sea usted digno de subir y verá cómo sube hasta el cielo.

Algunas abejas que venian susurrando á posarse en las flores, pues es de saber que allí hay flores en todas las estaciones, me hicieron suponer que el señor cura tenia colmenar. ¡Y cómo habia de negar un rinconcito en su huerta á las industriosas abejas aquel hombre tan industrioso y tan amante de lo noble y lo bello!

En efecto, pocos instantes despues, en el sitio más bello por su frondosa vegetacion y más apacible por lo resguardado de los vientos, encontré el colmenar más hermoso que he visto en mi vida, no por el número de las colmenas, que no pasará de cincuenta, sino por el ingenio y el gusto con que están construidas y el esmero con que están cuidadas.

Ocupan una galería cubierta, abierta por un costado y cerrada por el otro, y unas están colocadas en sentido horizontal y otras en sentido vertical. Entre las hileras de colmenas y el muro que á su espalda cierra la galería, hay un tránsito con asientos donde el señor cura goza sus mayores delicias sintiendo, si es que no viendo, trabajar á aquella industriosa tribu.

Cada colmena tiene su número y su nombre escritos á la espalda, y su historia y sus recuerdos escritos en aquel nombre y en la memoria del señor cura.

Trueno se llamaba la primera en que fijé la atencion, y me dijo el señor cura que se llamaba así porque el enjambre que encerraba empezó á abandonar la celda materna en el momento de estallar un espantoso trueno durante una tempestad. *Flor de la maravilla* era el nombre de otra, porque durante mucho tiempo habia vacilado entre la vida y la muerte, hasta que los cuidados de su dueño y protector aseguraron su vida.

La que gozaban entonces todos los enjambres era robustísima, pues no habia colmena de la que las abejas y la miel no rebosasen.

Delante de las colmenas vi una porcion de tubitos de caña cerrados con dos tapones y pregunté al señor cura para qué eran.

—Son, me dijo, los hospitales de las abejas.

—¿Cómo los hospitales?

—Sí, señor. Cuando hace mucho frio, las pobres abejitas que se alejan de las colmenas se sienten medio ateridas y vuelven en busca del calor de su hogar, pero al llegar á la colmena, como vienen desatentadas de frio, no aciertan con la entrada y caen de-

lante de la colmena medio muertas. Entonces las
voy cogiendo y metiendo en estos tubos en cuyo depósito inferior hay un poco de miel que rezuma al
superior por medio de un agujerito abierto en el nudo
de la caña, por si quieren confortarse con ella. Cierro
el tubo con el taponcito, le meto en el pecho ó le
acerco á la lumbre, y con el calorcillo se recuperan
las abejas á los pocos instantes, de modo que en
cuanto se les abre el hospital, vuelan tan listas y tan
valientes á su casa.

—Muchas morirán de hambre en el invierno.

—En mi colmenar mueren muy pocas, porque
cuando el tiempo es muy crudo y carecen de miel
con que alimentarse, no necesitan alejarse de las
colmenas para encontrar alimento.

—Pues ¿dónde le encuentran?

—En un plato que coloco yo al pié de cada colmena con un manjar compuesto de sustancias aromá-
ticas y azucaradas, que he averiguado les gusta y
aprovecha mucho.

—Si las abejas tuvieran conciencia de su deber, le
tendrian á usted cariño.

—Me le tienen como verá usted ahora, porque si
no tienen conciencia, tienen instinto.

Y el señor cura exclamó cariñosamente acercándose á una colmena de la que rebosaban millares de
abejas:

—¡Chiquitas, chiquitas!

Las abejas empezaron á agitarse aleteando y susurrando cariñosamente al oir la voz del cura.

Hablábame este, poco despues, de lo mucho que le ayudaba el producto de la cera del colmenar á nivelar en su modesto presupuesto los gastos con los ingresos, y sus palabras llevaron mi pensamiento á la region de la economía.

—¿Sabe usted, dije, que esta casa y lo que la rodea representa un capital que parece imposible haya logrado usted poseer sin más recursos que los de su pobre curato?

—Considere usted, sin embargo, que esta casa, esta huerta, este colmenar, todo lo que ve usted aquí es obra exclusivamente de mis manos.

—Pero áun así me parece una maravilla lo que usted ha hecho.

—Emplee usted por espacio de treinta años dos horas diarias en lo que yo las he empleado, en lugar de irme de caza ó á conversar con algun amigo, y verá usted cómo se encuentra con maravillas como esta.

Convine en que el señor cura tenia razon; pero hay que convenir tambien en que era hombre de mucho mérito aquel genovés que encontró el medio de hacer que los huevos se tengan de punta.

No era mala la leccioncita de virtud y laboriosidad que, por supuesto sin intencion de dármela, acababa de darme el señor cura. En la hermosa comedia de Eguilaz titulada *La cruz del matrimonio* hay una mujer cuya santa conducta de esposa y madre es la antítesis de la de su marido. Al volver este á casa á las mil y quinientas de la noche, despues de disipar en el juego y otros desórdenes los ahorros de su familia, encuentra á su mujer trabajando y velando al lado de la cuna de su hijo enfermo, y se queja de que siempre le está echando en cara su disipacion.—«Pero si mis labios no te dicen palabra, le replica con dulzura la prudente y honrada esposa.. —¡Ya! exclama él, no me lo dicen tus labios, pero me lo dicen tus actos!» Cuánto y cuánto nos dicen los actos del cura de Montellano á mí y á más de cuatro que yo conozco!

Llegaba el sol al zénit, ó hablando con la claridad que á mí me gusta, era ya la hora de comer, y aunque el señor cura tuvo gran empeño en que me sentara á su mesa, no pude complacerle, porque en torno de la de uno de mis parientes me esperaban una silla de junco y unos corazones de oro.

Cuando pasé junto al castaño secular de la iglesia, me pareció ver una sombra que me sonreia. Tal vez seria la de mi madre que sonreia de gozo al ver que aún amo y visito á su querida aldea!

EL FUERTE DE OCHÁRAN.

El Fuerte de Ocháran no es ciertamente uno de aquellos hombres cuya memoria honre tanto á un país que este tenga vivo interés en conservarla; pero su nombre es tan popular en una gran parte de Vizcaya, que esta popularidad basta para justificar el lugar que le doy en las páginas de este humilde libro.

Los que vivimos hácia mediados del siglo XIX vivimos en una época de transicion que impone deberes especiales á todos los que tenemos en la mano una pluma ó un lapiz: estos deberes consisten en sacar el trasunto del mundo que dejamos atrás para que los que vengan despues de nosotros no nos digan en son de justa censura:—Vosotros que conocísteis esa época y esos hombres que en nada se parecen á la epoca y los hombres que os sucedieron, ¿por qué no nos legásteis su retrato?

Paréceme que los que vivimos en esta época tenemos cierta semejanza con el que desciende de la cordillera de Archanda al valle del Ibaizabal para no
volver á subir aquella cordillera. El valle del Azúa
que en nada se parece al del Ibaizabal, va á desaparecer para siempre de su vista como desaparece de
la nuestra el tiempo que nos ha precedido, que casi
en nada se parece al tiempo que le sucede. Justo es
que ántes de perder para siempre de vista aquel
valle le diseñe en su cartera.

Yo casi puedo decir que he conocido al Fuerte·de
Ocháran; cuando vine al mundo, el Sanson encartado
habia desaparecído ya de él, pero existia.su casa tal
como él la habitó, existian los árboles plantados por
él, existian las tierras por él labradas, existia la
azada que manejó su robusta mano, existia la barra
que lanzaba su hercúleo brazo los dias de fiesta en
el nocedal de Ocháran, existian sus hijos, existian
sus amigos, existia el recuerdo vivo y exacto de sus
prodigiosos alardes de fuerza. ¿Por qué, pues, no he
de decir que he conocido al Fuerte de Ocháran?

Nadie se ha tomado la molestia de·trazar su retrato, y si yo que puedo hacerlo con fidelidad, aunque no con ingenio, no lo hiciese, es muy posible
que en los tiempos venideros el pobre Manuel de
Haédo, que·este era el nombre del Fuerte de Ocháran, en vez de aparecer á los ojos del vulgo con la

noble fisonomía que Dios le dió, apareciese como un
mónstruo destinado á poner espanto á sus compatriotas y á avergonzar á sus descendientes.

Esta última consideracion me recuerda que al escribir la biografía de Manuel de Haedo tambien trabajo *para mi casa*, pues mi familia está enlazada
con la de Manuel de Haedo, cuyas prodigiosas fuerzas no dé Dios á mis hijos, porque al derrumbarse el
templo de Dagon, Sanson quedó sepultado con los
filisteos.

Caminando desde Avellaneda, la antigua cabeza
foral de las Encartaciones, hácia Valmaseda, hay
una aldeita del concejo de Zalla que lleva el nombre
de Ocháran, equivalente, segun Iturriza, al de En-
drinal-del-lobo. Las casas que ocupan el extremo
occidental de aquella aldea son conocidas con el
nombre de Rétola, cuyo orígen atribuye la tradicion
popular á haberse *retado* y combatido allí fieramente
en tiempos antiguos dos ejércitos, compuestos el uno
de gentes de las merindades de Castilla, mandadas
por el señor de Bortedo, y el otro por gentes de
Vizcaya acaudilladas por su señor D. Lope Diaz, el
Bueno.

Allí, junto á la iglesia de Ocháran, nació en el primer tercio del siglo pasado Manuel de Haedo, y allí
se ve aún, medianera con otra, la humilde casa del
Sanson encartado. Existe en nuestro país la memoria

de otro Sanson mucho más antiguo, llamado D. Juan
de Mariaca, á quien el vulgo ha convertido en una
absurda caricatura por no haberse tomado el trabajo
ninguno de sus contemporáneos ó sucesores afines
de legar á la posteridad su verdadero retrato, como
yo lego el del Fuerte de Ochàran. D. Juan de Mariaca, cuyas aventuras quizá averigüe yo y dé á luz
algun dia, fué un noble caballero de Amurrio, nacido
y eriado en el regalo de un palacio, y pasó la mayor
parte de su vida en el vértigo y el estruendo de las
batallas, como la pasaban en su tiempo casi todos los
caballeros. Ni en su nacimiento, ni en su crianza, ni
en sus ocupaciones, tuvo semejanza ,el Sanson de
Zalla con el Sanson de Amurrio. Manuel de Haedo
nació en la pobre casa del labrador vizcaino, y en
ella vivió y murió, y sus huesos descansan en aquella
humilde iglesia de Santiago de Ochàran, confundidos
con los de aquellos que «no subieron más arriba de
sus layas.»

Layaba un dia en su heredad en compañía de su
mujer un pobre labrador de Erándio, y un hermoso
niño de seis años venia de la casería inmediata con
un tizon encendido en la mano, en ocasion en que yo
pasaba por la linde de la heredad y me detenia á saludar á los layadores.

—Vamos, que ya tiene usted quien le ayude, dije
al labrador que tomaba el tizon de manos del niño y

encendia su pipa, mientras su mujer arreglaba al niño
la rubia cabellera con el natural deseo de que la hermosura de su hijo resaltase más á mis ojos.

—Estoy seguro, me contestó, que cuando este
tenga doce años, ha de sacar su escote layando entre
su madre y yo.

—Será lástima que destinen ustedes á layar un
niño tan hermoso.

—Señor, me replicó el labrador, el que sube á
las layas, bastante sube.

—¿Por qué?

—Porque se honra en la subida y no se desnuca
en la caida.

Tan sensata me pareció esta respuesta que no me
atreví á enmendarla.

Alguna vez, como más adelante veremos, quiso
Manuel de Haedo subir más arriba de sus layas, y á
este arranque de ambicion debió la mayor desgracia
de su vida.

Aún viven sugetos que le conocieron personalmente, y segun me dicen estos sugetos, era un hombre de elevada estatura, enjuto de carnes, de tez
morena, de barba poblada, de cejas largas y espesas
y de musculatura fuertísima.

Su carácter era naturalmente pacífico y grave.

Jamás se vió á Manuel emplear las fuerzas que
Dios le habia dado en perjuicio de sus semejantes, á

no ser que estos le obligasen á ello, y sí se le vió
muchas veces emplearlas generosamente en auxilio
de los que lo necesitaban.

He dicho que su carácter era naturalmente grave,
y debí decir que era naturalmente triste. Manuel de
Haedo gustaba del vino, pero rarísima vez bebia lo
que bastaba para alegrarle. Es verdad que para alegrarle se necesitaba mucho vino, segun confesion propia. Cuando estaba alegre, qué era poquísimas veces,
solia cantar esta copla que prueba cuán inferior era
el vigor de su musa al vigor de sus músculos:

> Cuando contento se halla
> Manuel de Haedo,
> veinticinco cuartillos
> tiene en el cuerpo.

Ya desde niño empezó Manuel á hacer méritos para
alcanzar el nombre de Fuerte que le ha sobrevivido.
Encima de Rétola hay una casería que pertenece á
Sopuerta, y se denomina la casa de la Calzada, porque por delante de ella pasaba la calzada que conducia de Valmaseda á Castro-Urdiales, hasta que por
los años de 1828 se abrió la hermosa carretera que
hoy facilita la comunicacion entre ambas villas. La
casa de la Calzada era una venta en cuyo inmediato
campo se reunian los miércoles y los sábados por la
tarde las gentes que venian del mercado de Valmaseda. Una tarde pugnaban en vano el ventero y su

mujer por subir al caballete un pellejo de diez cán-
taras que acababa de dejar en el portal un arriero,
y que contemplaban con delicia una porcion de personas para quienes se iba á estrenar. Unos cuantos
chicos, entre los cuales se hallaba Manuel de Haedo,
que á la sazon tendria doce años, ocupaban el primer término entre los mirones.

—¡Fuera de aquí estorbos! dijo el ventero re-
chazando á los chicos.

Picóse Manolillo del desden con que el ventero
trataba á la gente menuda, y lanzándose de repente
al pellejo, le enlazó con ambos brazos y le plantó
sobre el caballete en medio de la admiracion y el
aplauso de venteros y parroquianos, que acordaron
premiar al vencedor con el primer cuartillo que sa-
liese del pellejo, cuartillo que Manuel aceptó y com-
partió con los demás chicos.

Seria tarea interminable la de referir todas las hazañas que se cuentan del Fuerte de Ocháran, y me
habré de limitar á referir sólo un corto número de
ellas.

Acababa de entrar Manuel en la adolescencia y ya
le mandaban sus padres á carretear vena á las ferrerías. Iba un dia á Mena guiando su pareja de bueyes que conducian, no doce ó catorce cargas de
vena, como conducen hoy las buenas parejas, sino
cinco cargas que era lo más que conducian en aque-

llos tiempos en que no se herraba á los bueyes y los caminos eran fatales. Al llegar á Valmaseda púsosele malo un buey y hubo de desuncirle y entregarle á los cuidados del albeitar, pero lejos de interrumpir su viaje por este contratiempo, se asió á la parte del yugo que correspondia al buey enfermo, y ála, ála, entre él y el buey sano condujeron el carro de vena á la ferrería de Hungo, que está dos leguas más arriba de Valmaseda.

En una colina que señorea la llanura del concejo de Sopuerta, se ven aún las ruinas de una iglesia que con el nombre de monasterio de San Martin, existia ya en el siglo XII. A mediados del siglo pasado se derribó aquel antiquísimo templo y se erigió con sus materiales, sus imágenes y sus campanas el que con la misma advocacion de San Martin vemos hoy en el fondo del valle donde se fué aglomerando el caserío desde que la vía de Valmaseda á Castro tomó aquella direccion abandonando las alturas de San Martin, Santa Gadea, la Trave, Tremoral y Saldemendo, que recorria la antigua calzada.

Construido ya el campanario de la nueva iglesia, tratóse de bajar las campanas de la antigua que estaban, no en el mismo templo, sino en una alturita que le dominaba, y donde yo he conocido las ruinas del antiguo campanario, cuyo nombre lleva aquel pináculo, hoy invadido por la azada del labrador que aquí en Vizcaya va penetrando por todas partes. Discutióse el modo de bajar las campanas, y por último se adoptó el sencillo de echarlas á rodar por la suave pendiente de Mendieta, que media entre el templo moderno y las ruinas del antiguo.

Entre los muchos forasteros que los dias festivos acudian á Carral á ver la iglesia nueva, llegó el Fuerte de Ocháran en ocasion en que las campanas estaban en el campo contiguo á la iglesia y se dispu-taba sobre si se habrian *aglayado* ó nó con los tumbos que habian dado hasta bajar allí.

—¿Qué te parece á tí, Manu? preguntaron al Fuerte.

—Lo que me parece, contestó éste, es que podemos salir pronto de dudas.

E inclinándose Manuel sucesivamente sobre ambas campanas, que no pesarian cada una ménos de cuarenta arrobas, las cogió del asa, las tocó sacudiéndolas en el aire como quien sacude una esquila, y convenció á los asombrados espectadores de que las campanas no se habian *aglayado* ó cascado.

La vida de carretero que es inherente á la del labrador vizcaino, porque la yunta de bueyes y el carro son aquí el gran instrumento de la labranza, la vida de carretero proporcionó á Manuel de Haedo muchas ocasiones en qué hacer uso de sus titánicas fuerzas. Un dia iba Manuel con su carro de vena á

17

una ferrería de Carranza, y al penetrar en una an-
gosta estrada se vió obligado á detenerse, porque
unos mulateros de Somorrostro, que tambien llevaban vena, habian escogido aquel sitio para descansar
ellos y sus caballerías á la sombra de los setos de
avellanos y endrinos.

Manuel esperó un rato á que las mulas que le impedian el paso siguiesen adelante; pero las mulas,
aunque cargadas, se encontraban muy bien paciendo
á la sombra en los ribazos de la estrada y los mulateros fumando y conversando despues de haber des-
ocupado el taleguillo de la comida al lado de una
fuente que brotaba bajo una mata de avellanos.

—Qué, dijo Manuel á los somorrostranos, ¿ vamos á estar aquí todo el dia?

—Lo que es nosotros maldita la prisa tenemos.

—Pues yo la tengo; que no es cosa de que por
vosotros se le descogote á uno la pareja volviendo á
casa de noche por esos despeñaderos.

Los somorrostranos se desentendieron de esta
razon y poco despues, perdiendo Manuel la paciencia, exclamó:

—¡ Que voy á abrir paso!

—Abrele.

El Fuerte arrimó la ahijada al yugo de sus bueyes,
fué cogiendo por la embragadura á los mulateros, y
tirándolos por encima del seto á la heredad, hizo la

misma operacion con las mulas cargadas de veña y aguijoneando sus bueyes continuó por la estrada adelante mientras los derrengados somorrostranos y sus mulas se componian como Dios les daba á entender para recobrarse del susto y el quebranto.

Entre Valmaseda y Zalla hay una ferrería que lleva el nombre de Bolúmburu. Supo el Fuerte de Ochàran que daban alli hierro para portearlo á Bilbao, y fué allá con su carro.

—Has hecho viaje en balde, Mánu, le dijo el mayordomo de la ferrería.

—¿Por qué?

—Porque ya no se saca más fierro de la lonja.

—¡Por vida de mi suerte! exclamó Manuel mal humorado. Tengo que ir de todos modos á Bilbao á buscar un carro de sal y me va usted á dejar ir de vacio despues de haber dado este pícaro rodeo?

—No hay más remedio, Mánu.

—¿Pero no me dará usted siquiera un brazado de fierro porque no se diga que lleva uno los bueyes holgando?

—Hombre, si te contentas con un brazado, por tan poco no hemos de reñir: entra por él.

Manuel entró en la lonja y salió con el brazado de fierro, pero el brazado era de siete quintales machos, ó sea poco menos de lo que podian llevar sus bueyes.

He dicho que el Fuerte de Ocháran debió la mayor desgracia de su vida á haber querido subir más arriba de sus layas, y poco á poco lo iré probando. Unos pasiegos que pasaban por Ocháran hiciéronle creer que ganaban el oro y el moro contrabandeando, y Manuel no pudo resistir la tentacion de probar el fruto vedado. Contra la voluntad de su mujer, hizo con ellos una expedicion, pero en lugar de adornarse con las botonaduras de plata que ostentaban los pasiegos, perdió los cortos ahorros que habia sacado de su casa y volvió á esta con ódio tal á los pasiegos, que durante toda su vida le acompañó.

Dedicóse durante muchos años al cuidado de su labranza y á la crianza de sus hijos, y á este período de su vida corresponden sin duda sus triunfos de tirador de barra, en cuyo ejercicio no le pudo vencer ninguno de los grandes tiradores de las provincias vascongadas, donde siempre los hubo morrocotudos.

Cuéntase que el Fuerte tenia una hija cuyas fúerzas no hubieran dejado muy atrás á las del padre si aquella muchacha no hubiese muerto ántes de cumplir los veinte años. La fama del Fuerte de Ocháran se habia extendido hasta Navarra, donde habia un jugador de barra á quien nadie habia logrado vencer aquende ni allende los Pirineos. Noticioso este jugador de que tenia un terrible rival en el Fuerte de Ocháran, tomó la vía de Vizcaya para desafiarle.

Una tarde apareció el soberbio navarro en el nocedal de Ocháran y llamó á la puerta de Manuel de
Haedo.

Una muchacha salió á recibirle.

—¿Vive aquí el Fuerte de Ocháran? preguntó á
la muchacha sonriendo desdeñosamente al pronunciar la palabra Fuerte.

—Sí, señor; yo soy hija suya.

—Quisiera hablar con él.

—Por hoy no puede ser, porque ha ido con vena
á Villasuso y no vuelve hasta mañana.

—Pues lo siento mucho, porque soy aficionado á
tirar la barra y quisiera que nos entretuviésemos
aquí los dos un rato.

—Yo tiro muy poco en comparacion de mi padre,
pero si quiere usted que le haga partido, lo haré sólo
por complacerle á usted.

—Muchacha, exclamó el navarro entre ofendido
y compasivo, ¿tú crees que he venido yo desde Navarra para alcanzar la gloria de vencer á mujeres?

—Es que..... hay mujeres tan fuertes como los
hombres, replicó la muchacha picada de la petulan-
cia del navarro.

—Ea, contestó este, pues vamos á ver si eso es
cierto.

—¿Con qué clase de barra quiere usted jugar?

—Con la que juega tu padre.

—Pues voy á sacarla.

Y así diciendo, la muchacha entró en la cuadra y apareció en el umbral de la puerta sacando en la mano derecha una barra que pesaba cerca de dos arrobas.

—Con esta barra, dijo, jugamos mi padre y yo. Allá va para que tire usted el primero.

Y al decir esto lanzó la barra á más de cuarenta piés de distancia.

El navarro se santiguó en señal de admiracion, y tomó el camino que habia traido exclamando:

—Si esto hacen aquí las sayas ¡qué no harán las bragas!

A la orilla izquierda del Cadagua, sobre quinientos pasos más abajo del puente de Jaramillo, donde termina la jurisdiccion de Baracaldo y empieza la de Güeñes, se ven aún las ruinas de una venta que quedó abandonada y se arruinó cuando despues de la última guerra civil se abrió por la orilla opuesta del rio la carretera que enlaza á las villas de Valmaseda y Bilbao.

La venta del Borto, que con este nombre era aquella conocida, gozó en el siglo pasado y el primer tercio del presente grandísima celebridad. Los ancianos de toda la ribera del Cadagua no se cansan nunca de referir sucesos ocurridos en la venta del Borto, donde por costumbre ó necesidad hacian parada más ó menos larga cuantos transitaban por aquel hondo valle.

Una tarde de invierno iban de Bilbao el Fuerte de Ocháran y dos vecinos suyos, y como la noche cerrase en extremo oscura, fria y lluviosa, determinaron pasarla en la venta del Borto, á donde llegaron al anochecer. Para hacer más llevadera la velada, mandaron sacar un jarro de vino, encendieron las pipas y se pusieron á jugar al mús en una mesilla que colocaron delante del fuego.

Media hora haria que estaban en este entretenimiento cuando invadió la venta una partida de pasiegos, haciendo un ruido infernal con sus enormes palos.

Los pasiegos, con la audacia que da siempre la superioridad numérica, y con el deseo de calentarse y secarse la ropa, quisieron apoderarse por completo del fuego del hogar; pero el Fuerte y sus compañeros no tuvieron por conveniente cederles el puesto y continuaron jugando, si bien al Fuerte se le volvia veneno el vino que habia bebido, tanto porque hacia tiempo que tenia ojeriza á los pasiegos en general, como porque le indignaba la insolencia con que aquellos pretendian ser los únicos dueños de la cocina.

Disgustados á su vez los pasiegos de que los jugadores no se retirasen, derribaron de un palo el can-

dil que estaba colgado de la campana de la chimenea
y pegaron un puntapié á la mesilla.

El Fuerte y sus compañeros emprendieron á pes-
cozones con los pasiegos, pero estos, como eran
muchos y estaban armados de palos, llevaban la mejor parte en la pelea. En vano buscaba Manuel un
palo, un banco, una sarten ó cualquier otro objeto
que le sirviese de arma defensiva y ofensiva, cuando
se le ocurrió valerse de un arma sobremanera singular: cogió á un pasiego por las piernas, y pasiegazo por
aquí, pasiegazo por el otro lado, hizo á sus contrarios huir de la venta, arrojó el arma á la parte afuera
de la puerta, cerró esta y volvió con sus compañeros
á continuar la partida de mús á la orilla del fuego.

Razon tenia Manuel para odiar á los pasiegos, porque cuando le iniciaron en la vida del contrabandista
le hicieron un mal cuyas fatales consecuencias no se
habian de limitar á la pérdida de algunos intereses.
El jugador desafortunado pierde, y en vez de reti-
rarse del juego, torna á él con mayor obstinacion,
esperando el desquite. El contrabandista y el jugador se parecen en esto como un huevo á otro.

El Fuerte de Ocháran determinó volver á contra-
bandear, no ya, por supuesto, asociado con pasiegos
sino asociado con unos cerveranos que le habían contado maravillas de sus ganancias en la raya de Portugal.

—Mánu, le decia su mujer, no vuelvas, por Dios, á esa pícara vida, que te ha de costar un ojo de la cara.

Pero Mánu desoyó los prudentes consejos de su mujer.

Los guardas establecidos en las orillas del Ebro tenian casillas ó garitas de madera para vigilar desde ellas los pasos más buscados por los contrabandistas. El Fuerte y sus compañeros trataban una noche de pasar el Ebro y discurrian en vano cómo burlar la vigilancia de los guardas, cuando á Manuel de Haedo le ocurrió un medio, que él creia muy sencillo, para lograrlo. Veamos qué medio era este.

Uno de los guardas se retiraba despues de medio dia á su casilla y se echaba á dormir en ella para despertar á las primeras horas de la noche y estar vigilante durante todo el resto de esta.

Una noche muy oscura, cercioróse el Fuerte, por medio de un espía, de que el guarda dormia aún profundamente. En seguida se dirigió á la casilla, tomóla entre sus poderosos brazos, y caminando con ella Ebro abajo, la colocó á doscientos pasos de su primitivo sitio, por el que poco despues atravesaban el rio con sus recuas él y sus compañeros, seguros de no ser vistos ni oidos, como no lo fueron, á pesar de que el paso de rio tan caudaloso era operacion pesada y difícil.

Media hora despues despertó el guarda, abrió la portezuela de la garita y miró sin ver ni oir más que el ruido del Ebro que corria casi á sus piés. Mirando y escuchando pasó la noche, y cuando al amanecer echó de ver la partida que le habian jugado, su desesperacion no tuvo límites. Calculando sin gran esfuerzo que el burlador era el Fuerte de Ocháran, juró que éste se las habia de pagar á tuerto ó á derecho.

Viendo Manuel de Haedo que en aquella atrevida empresa habia recobrado los intereses que perdió cuando se asoció con los pasiegos, y obedeciendo á sus instintos pacíficos y honrados, se despidió para siempre del contrabando y se retiró á su casa dando á Dios gracias de que no se hubiese realizado la siniestra profecia de su mujer de que el contrabando le habia de costar un ojo de la cara.

El guarda burlado por él en la ribera del Ebro no abandonaba sus proyectos de venganza. Buscando al Fuerte en las riberas del Cadagua, hallóle una tarde en el nocedal de la ferrería de Jijano á donde habia ido con un carro de vena. Estaba el Fuerte sentado á la sombra de un nogal echando una pipada mientras su pareja comia un brazado de alholva, cuando el guarda, acercándose á él de puntillas para no ser oido, le asió por la espalda procurando sujetarle los brazos é impedir que se levantase. El Fuerte, sentado como estaba, echó los brazos atrás y cogiéndole por las piernas, le tiró por encima de su cabeza á seis pasos de distancia, de donde se levantó medio derrengado y se alejó jurando que el encartado se las habia de pagar todas juntas.

El Fuerte, que era hombre muy modesto y rarísima vez hablaba de sus *valentías*, se complacia en referir la de Jijano que tenia por uno de los mayores esfuerzos que habia hecho en su vida.

Algun tiempo despues de este suceso se hallaba Manuel de Haedo en la plaza de Valmaseda conversando con un amigo suyo, y sintiendo pasos acelerados á su espalda, volvió la cara y vió al vengativo guarda que se acercaba á él llevando en una mano una cuerda y en la otra una pistola de bolsillo. Iba á lanzarse sobre el guarda cuando este le disparó un pistoletazo y le hizo saltar un ojo.

¡La profecía de su mujer se habia cumplido al fin!

Prendióse al agresor y el teniente de las Encartaciones tomó cartas en el asunto.

La fuerte naturaleza de Manuel de Haedo triunfó pronto de aquella terrible herida, en cuanto era posible que triunfase. Un dia se hallaba Manuel arando cerca de su casa; y al oir las doce en la iglesia de la aldea, desenganchó los bueyes del arado, y despues de echarles una buena racion de paja de borona á la sombra de un cerezo, en la cabecera de la heredad,

se disponia á ir á casa á comer cuando apareció por
allí un alguacil de la audiencia de Avellaneda que
iba de parte del teniente á evacuar una cita relativa
á la causa del pistoletazo que áun no habia ter—
minado.

—Diga usted, buen hombre, le preguntó el alguacil, ¿dónde vive el Fuerte de Ocháran?

Manuel tomó con la mano derecha el arado por
junto á la reja, y levantándole en alto y apuntando
con él hácia su casa, como quien apunta con una
vara, contestó :

—Aquella es su casa.

Dicho se está que el asombrado alguacil no necesitó hacer más preguntas ni pasar de allí para
evacuar la cita.

Dícenme que habiendo contado el alguacil al teniente corregidor este incidente, aquel magistrado
hizo que se consignase en los autos al consignar la
evacuacion de la diligencia. En vano he buscado los
autos en cuestion, que deben haber sido víctimas de
la pícara costumbre que existia hace pocos años de
enseñar á leer á los niños en los *procesos* archivados
en las audiencias y escribanías, de lo que soy buen
testigo yo mismo que aprendí á leer en manuscritos
que hoy conservaria como uu tesoro y entónces con-
vertí en pajaritas y cometas.

Ya que de manuscritos hablo, debo declarar que

de ninguno fehaciente he tomado las noticias del
Fuerte de Ocháran que recopilo en este *capítulo*:
hélas, en su mayor parte, recogido de boca del
vulgo, y como sé lo dado que es este á la exageracion, me libraré muy bien de asegurar que ninguna
hay en ellas.

Puede decirse que el alarde de fuerza que presen-
ció el alguacil de la audiencia de Avellaneda fué el
último de los muchos que *ilustraron* la asombrosa
vida del Fuerte.

Viéndose Manuel tuerto, viejo, en rápida deca-
dencia física, se fué sumiendo en una profunda tristeza que no bastaban á disipar ni los veinticinco cuar-
tillos de que hablaba la copla consabida, y aquella
poderosísima existencia que parecia inquebrantable,
se extinguió al fin por completo rodeada de los consuelos de la religion y la familia. Y cuando los honrados vecinos de Ocháran bajaron á la fosa de la
iglesia de Santiago el cuerpo de Manuel de Haedo,
en quien los gusanos se cebaban ya impunemente,
el señor cura exclamó:

—¡Qué ser tan miserable seria el hombre más
fuerte sin el espíritu inmortal que Dios puso en él!

MIQUELDICO-IDORÚA.

Allá por los años de 1560 un docto caballero que
habia nacido y residia en la villa de Mondragon, dis-
tante tres leguas de la de Durango, se dedicaba al
estudio de las antigüedades vascongadas á fin de escribir una historia, é hizo objeto de sus estudios la
del Duranguesado, cuyos valles y montañas recorrió,
reconociendo peñascales, templos, fortalezas, ruinas,
lápidas y sepulcros, y entre estos últimos los que
existen en la loma de Arguineta, cerca de la villa
de Elorrio, situada á dos leguas de Durango. Aquel
caballero se llamaba Esteban de Garibay y Zamalloa,
y el libro que resultó de sus estudios se titula *Com-
pendio·historial de España.* Pues aquel curioso y
sabio arqueólogo que todo lo examinaba, que en todo
fijaba su atencion, que no desdeñaba la tradicion popular, ni áun las hablillas del vulgo para someterlas

al crisol de su docto criterio, no encontró én el Duranguesado piedra alguna que pasase por ídolo ni
pudiese creerse tal, y lo mismo sucedió á otros que
ántes y despues que él escribieron de las cosas de
Vizcaya, despues de haber recorrido toda esta tierra
y examinado todas sus antiguallas y curiosidades.

Pasaron años y años, y por los de 1634 otro caballero llamado D. Gonzalo de Otálora y Guisasa,
natural de Durango, pero residente en Sevilla quizá
desde su infancia, escribió é imprimió en aquella
ciudad un opusculillo titulado *Micrologia geográfica
del asiento de la noble merindad de Durango*, en
el cual incluyó las siguientes líneas:

«Hay antigüedades notables, y las más en las lo-
mas y altos. Las más vistosas son en una crmita de
la villa de Durango, llamada Miqueldi, donde se ve
una gran piedra, así monstruosa en la forma como en
el tamaño, cuya hechura es una Abbada ó Reinoceronte con un globo grandísimo entre los piés y en.
tallados caractéres notables y no entendidos, y por
remate una espiga dentro de tierra donde está emi-
nente mas de dos varas. Está en campo raso (causa
de mostrarse deslavado). No se tiene memoria de él,
si bien corre por ídolo antiguo.»

Más de un siglo despues de escribir esto Otálora,
escribia el padre maestro fray Enrique Florez *La España sagrada*. Este ilustre escritor pertenecia á la

órden de San Agustin, y entre los escritores jesuítas y agustinos existia una rivalidad tan lamentable é indigna de hombres consagrados al servicio de Dios y á difundir la verdad, que bastaba que los jesuitas dijesen que la nieve era blanca para que los agustinos dijesen que la nieve era negra. El padre Gabriel de Henao y el padre Manuel de Larramendi, ambos de la compañía de Jesus, habian sostenido que las provincias Vascongadas formaron parte principal de la Cantábria y no fueron dominadas por cartagineses, romanos ni moros. Pues bastó esto para que el padre Florez, por otra parte hombre, aunque docto, apegadísimo á sus opiniones, sostuviese todo lo contrario que habian sostenido Henao y Larramendi, no ménos doctos que su antagonista. Como prueba de las pequeñeces á que arrastraba al padre Florez este antagonismo, baste decir que el sabio agustino, cuando nombraba á la compañía fundada por San Ignacio de Loyola, ponia especial cuidado en decir «*la llamada* compañía de Jesus» y no lisa y llanamente «la compañía de Jesus» como decian y aún dicen todos.

El padre Florez, que andaba á caza de monumentos para probar que las provincias Vascongadas fueron dominadas por los dominadores del resto de la Península; el padre Florez; que no encontrando estos monumentos temia que inventarlos; el padre Florez,
18

que se veia negro con el hecho irrecusable de haber conservado estas provincias su antiquísimo idioma, al paso que perdieron el suyo y adoptaron el de los invasores las provincias que se sabe fueron invadidas y dominadas; el padre Florez vió el cielo abierto cuando vió lo que Otálora decia del Rinoceronte ó Abada de Miqueldi, y escribió lo que sigue:

«Otro insigne monumento de antigüedad persevera en Vizcaya en el territorio de Durango, junto á la ermita de San Vicente, cuyo dibujo conseguí á fuerza de tenaces y repetidas diligencias, por las varias expresiones con que me le ponderaban, y no faltaba dificultad á causa de hallarse en despoblado y lo más cubierto de tierra. Llámanle *Idolo de Miqueldi*, y su figura es en esta forma:»

(Aquí da el padre Florez el dibujo que luego examinaremos.)

«Tiene dos varas y tercia de largo: en alto vara y media: de grueso dos tercias, y todo es de una pieza de piedra. Mi principal deseo era por si mantenia letras cuyo carácter, ya que no hubiese cláusulas perceptibles, descubriese el tiempo ó nacion que le erigió, si de griegos, romanos ó españoles antiguos, pues D. Gonzalo de Otálora en el papel que imprimió en Sevilla, 1634, *Micrología geográfica del asiento de la noble merindad de Durango*, fólio 6, dice que tenia *caractéres notables y no entendidos*.

Hoy no muestra letras y sólo se conoce lo que va
figurando, cuyos lineamientos son lo mismo que llaman *toros* en Guisando, Avila y puente de Salamanca,
á quienes dieron aquel nombre de cuadrúpedo comun los que no conocieron la figura de elefante,
cuyos perfiles, aunque toscamente formados ó ya
desfigurados, muestran los tales monumentos; y en
efecto, el citado Otálora le calificó de *A bbada* ó
Reinoceronte. El elefante es símbolo de Africa de
que usaban los cartagineses que tanto dominaron en
España, y para denotar lo que se iban internando,
erigian estas piedras con aquella figura. Algunos ca-
minaron hácia el Norte, y llegando hasta Durango,
dejaron allí esta memoria. El globo que tiene entre
los piés, simboliza el orbe, y lisongeándose de señores de todo, pusieron el elefante encima, como que
Africa dominaria el orbe: y si Chanaan no tuviera
sobre sí la maldicion de Noé (de que seria siervo de
sus hermanos) tuvieran sus descendientes los feni-
cios africanos puerta abierta para entrar á dominar
el orbe desde que Annibal venció á Roma en la derrota de Cannas.»

«Pero en fin, mencionado este monumento por
inédito y raro, á causa de la figura del globo ó de la
tierra dominada por el elefante que tiene debajo la
figura, sólo puede servir á que donde llegó el africano
mejor penetraria el romano que dominó toda España.»

Esto dice el padre Florez en el discurso prelimi-
nar al tomo XXIV de la *España sagrada*. Hanme
asegurado que Buchardat cuenta en sus *Elementos
de historia natural* «que en los alrededores de Durango existe un meteoro metálico que visitó el baron
Humbolt, quien calculó su peso en cuatrocientos
quintales.»

Muchísimas citas pudiera yo añadir á estas, pues
desde que el chocho de Otálora (así le llama el jui-
cioso y erudito Ozáeta, que en su *Cantábria vindi-
cada* refutó lucidísimamente al padre Florez) escribió
su *Micrologia* ha dado mucho que hablar y que escribir *Miqueldico-idorua*; pero bastan y sobran estas
para mi propósito, reducido á sostener *que la escultura de Miqueldi no es monumento de cartagineses,
ni romanos, ni ningun otro pueblo extranjero, y mucho ménos monumento religioso.*

Concíbese que Otálora escribiese lo que escribió,
porque su opúsculo prueba que era hombre faltí-
simo de instruccion y criterio y hasta de gramática.
Habian caido en sus manos unos cuantos libros, de
todos conocidos, tenia aficion á las cosas de su patria, como todos los vascongados, recopiló en unos
pliegos de papel lo que aquellos libros decian acerca
del Duranguesado, y añadió de su cosecha cuatro
especies que conservaba medio borradas entre los
recuerdos de su niñez. Probablemente desde la niñez,

habia estado ausente de la tierra natal, y hasta su obrilla hace creer que habia olvidado la lengua nativa. Yo se muy bien cuán expuesto está á errar el que escribe de las cosas de su país lejos de él y ateniéndose sólo á los recuerdos de la infancia, pues he escrito con estas condiciones, y desde que he vuelto á mi país, todos los dias tengo necesidad de rectificar ideas y aserciones que ausente de Vizcaya estaba muy lejos de sospechar necesitasen rectificacion. Lo que no se concibe es que el padre Florez, tan sabio y tan lógico cuando no le cegaba la pasion, escribiese lo que escribió con referencia á la escultura de Miqueldi.

Pero volvamos á Otálora. ¿De dónde sacó el hijo de Durango que la piedra de Miqueldi «corria por ídolo antiguo» porque cuando el rio suena agua lleva, y cuando á su oido habia sonado la palabra *ídolo*, alguno la habria pronunciado? ¿Fué Otálora el primero que hizo sonar esta plabra con relación á la piedra de Miqueldi para dar á aquella piedra mayor importancia? A esta pregunta tengo que contestar negativamente. Otálora habia, en efecto, oido en su niñez llamar á aquella piedra *ídolo* ó cosa parecida.

D. Fausto Antonio de Veitia, hijo tambien de Durango, y fallecido pocos años ha, dejó manuscrita una coleccion de noticias muy curiosas de aquella villa y sus cercanías, y estas noticias han sido am-

pliadas por D. Ramon de Echazárreta, asimismo
hijo y vecino de Durango, y caballero muy ilustrado
y aficionado á las letras. Haciéndose cargo el señor
Veitia de los absurdos del padre Florez, dice: «Es
necesario imponerse en la práctica de lo que sucede
en este país donde es regular llamar á todo objeto
feo *ídolo*, porque se tiene esta palabra por demos-
tracion ó esplicacion de la mayor fealdad. Si hoy
mismo se pusiera una piedra que representase algun
objeto ó figura extraña ó fea, la llamarian ídolo. No
sólo dan este tratamiento á semejantes objetos, sino
áun á aquellas personas feas, pesadísimas, de tardo
expediente en sus acciones.»

Aquí tenemos ya explicado el por qué la palabra
ídolo habia sonado en los oidos de Otálora; pero por
si esta explicacion no bastase, allá va otra que aca-
bará de satisfacer á los más descontentadizos. «Si
Otálora no hubiese olvidado el vascuence en Sevilla,
dice Ožáeta, podia conocer por la etimología misma
(que siempre define la cosa, como dijo un poeta:
conveniunt rebus nomina sœpe suis) que la voz primitiva de estas piedras no fué la de *idolúa* sino la de
idorúa, esto es cosa encontrada. Corrompióse el
nombre con la mudanza de la *r* en *l*, y por decir *Miqueldico-idorúa* (cosa hallada en Miqueldi) se dijo
Miqueldico-idolúa. Esta equivocacion se le imprimi-
ria en los cuentos de la niñez.»

Y no vaya á creerse que Ozáeta inventó arbitraria-
mente, porque conviniese á su objeto, la palabra
idorúa con la significacion de cosa encontrada: Ozáeta
escribia en 1779, y cuarenta años ántes habia dado
á aquella palabra la misma significacion el sabio
Larramendi en su *Diccionario trilingüe*, y yo mismo
la estoy oyendo pronunciar todos los dias en idéntica
acepcion en nuestras villas y aldeas.

Queda, pues, demostrado que Otálora oyó campanas sin saber dónde. Si merece disculpa este error
del cándido micrologista de la merindad de Durango,
no así otros errores en que incurrió, tales como
estos: primero, que la piedra tenia hechura de Abbada ó Reinoceronte; segundo, que á los piés tenia
un gran globo; tercero, que en el globo estaban tallados caractéres notables, y cuarto, que tenia por
remate una espiga dentro de tierra.

El 10 de Abril del presente año (1864) pasamos
á Durango D. Juan Delmas y yo con objeto de examinar las antigüedades de aquella villa y sus cercanías. El señor Delmas que es muy aficionado á la
arqueología y muy inteligente en cuanto tiene relacion con la arquitectura, la escultura y la pintura,
se ocupaba á la sazon, y aún se ocupa, en escribir
una *Guia histórico-descriptiva del Señorío de Vizcaya*, y yo iba con objeto de continuar mis estudios
de las antigüedades de Vizcaya que tengo el deber

de conocer y describir. El cacareado *ídolo* de Miqueldi, que ni uno ni otro habíamos visto aún, era lo que más excitaba nuestra curiosidad. Antes de entrar en la villa, tomamos una estrada que por la izquierda tira hácia el rio, y á cuyo término veíamos una ermita (que en lo antiguo fué iglesia juradera) y una ferrería ó martinete. Nos hacíamos ojos buscando la famosa piedra, cuando como veinte pasos ántes de llegar á la ermita de san Vicente de Miqueldi, á la derecha del camino y entre los arbustos y las zarzas que forman el seto de una heredad, nos pareció descubrir una gran piedra arenisca, casi del todo enterrada y empezada á rozar por las ruedas de los carros. Sospechando que aquel fuese el *insigne monumento* cuyo descubrimiento tan tenaces y repetidas diligencias, por hallarse en despoblado, costó al padre Florez, empezamos á despejarle de tierra y broza, y en efecto le descubrimos lo bastante para convencernos de que habíamos dado con lo que buscábamos; pero como carecíamos de medios para desenterrar por completo la piedra, aplazamos para la mañana siguiente aquella operacion.

Es muy posible que los viajeros que pasen por Durango se retraigan de ir á visitar al insigne Miqueldico-idorúa por no afrontar los peligros y dificultades del despoblado de que habla el maestro Florez. Para evitar esto, conviene advertir que no hay

semejante despoblado, pues Miqueldi está á certí-
sima distancia de la villa, rodeado de huertas y heredades y caserías, y conduce á él un camino car-
retil despejado y llano. Segun dice Ozáeta, el sabio
y reverendo Agustino debia ser un poco ancho de
manga en cuanto al octavo mandamiento, pues lejos
de conseguir «á fuerza de tenaces y repetidas diligencias» el dibujo del *ídolo*, le consiguió sin más
que escribir una carta al padre maestro Laviano,
prior del convento de agustinos de Durango, quien
le envió el dibujo sin más coste ni dificultad que dar
un paseito á Miqueldi y sacarle.

El alcalde de Durango, D. Gervasio de Jáuregui,
una de las personas más distinguidas de aquella villa,
cuya prosperidad y gloria le inspiran el mayor interés, se apresuró á proporcionarnos medios de
desenterrar y reconocer la piedra de Miqueldi, y la
mañana siguiente nos dedicamos á esta operacion en
presencia del mismo señor Jáuregui, del ilustrado y
modesto D. Ramon de Echazárreta y otras personas,
y en pocos instantes la piedra quedó completamente
descubierta.

La figura, que estaba tendida de lado y con el
lomo pegando á la rodada de los carros, fué colocada de pié, y entónces nos dedicamos á su minucioso exámen. Las medidas que le da el padre Florez
son casi exactas, y tambien lo es el dibujo que el

mismo escritor publicó, salvos algunos detalles. En
el dibujo el cuadrúpedo aparece con cola y garras, y
el original no tiene ni una ni otras. Puede habérsele
roto la cola desde que se sacó el dibujo remitido al
padre Florez, pero garras no ha tenido nunca, pues
aunque se hubiesen roto las uñas, la canal de los
dedos se conservaria, y sólo se conserva en el libro
del padre maestro. Por lo visto, el dibujante ó el escritor se tomaron la libertad de corregir la plana al
escultor. ¿Por qué? ¿Acaso porque al padre Florez
le convenia que el mazacote fuera elefante y los ele-
fantes tienen garras?

La tal escultura, si con algun animal tiene semejanza, es con el javalí ó el cerdo indígena de nuestras montañas.

D. Gonzalo de Otálora no supo lo que se dijo al
decir que tenia figura de Rinoceronte ó Abada,
porque si se hubiese tomado la molestia de leer lo
que los naturalistas dicen de aquel cuadúpedo, hubiera leido «que el Rinoceronte es de unos diez piés
de altura sobre doce de largo, tiene las piernas re-
cias, cortas y terminadas en piés anchos y armados
de tres pezuñas, su cabeza es estrecha, su hocico
puntiagudo, su labio superior movedizo y capaz de
alargarse, y tiene sobre el hocico uno ó dos cuernos cortos y encorvados.» ¿Corresponde la escultura
de Miqueldi á esta descripcion? No. ¿Y donde está

el globo grandísimo que Otálora dice tiene entre los
piés? No tiene semejante globo: lo que tiene es un
disco ó círculo idéntico á las piedras de afilar. ¿Y
dónde los caractéres notables entallados en el globo?
Sólo en la imaginacion de Otálora, pues ni en el
círculo ni en la figura hay caractéres algunos ni señales de que los haya habido. ¿Y dónde la espiga?
Tambien en la imaginacion del autor de la *Micrología.*

La ignorancia puede servir un tanto de disculpa
á Otálora, pero no asi al padre Florez, que no pe-
caba por ignorancia. El padre Florez tenia á la vista
un dibujo casi exacto de la escultura de Miqueldi, y
sabia muy bien que los naturalistas describen en estos
términos al elefante: «La cabeza pequeña, los ojos
chicos, las orejas muy grandes y algo colgadas, el
labio de arriba prolongado en forma de trompa que
extiende ó recoge á su arbitrio, y le sirve como de
mano, y los colmillos en forma de cuernos, muy
grandes y macizos, que es lo que se llama marfil.»
¿Cómo, pues, tuvo la audacia el padre Florez de
decir que la figura de Miqueldi era figura de elefante
si entre este y aquella no hay la menor semejanza?
El elefante es ya tan conocido en España que apenas
hay persona que no le haya visto. Suplico á los viajeros que pasen por Durango que vayan á ver á Miqueldico-idorúa, y apuesto la cabeza á que no hay uno

siquiera que con sinceridad diga que aquel mazacote
tiene figura de elefante. Lo que dirán todos es que
tiene figura de jabalí. ¿Pero por qué el padre Florez
tuvo empeño en que fuera elefante y no jabalí, ó
cuando ménos rinoceronte? Porque ni el jabalí ni el
elefante le servian para su, no ya hipótesis, sino ma-
gistral afirmacion, de que los cartagineses se plantaron en Durango y dijeron «ahí queda eso.»

Las conquistas que los cartagineses hicieron por
tierra en España no pasaron de Salamanca y Aragon,
segun refieren Plutarco y Polivio, y por mar, segun
Mariana, no se acercaron á estas costas; pero no es
esto todo lo que se puede objetar á la arbitraria y
arrogante suposicion del padre Florez, que supone
tambien, con no menor seguridad, que son monumentos de cartagineses y, lo que es más, que son
figuras de elefante las que hay en Guisando, Avila,
puente de Salamanca y otras partes. D. Aureliano
Fernandez Guerra y Orbe, (y no se dirá que atesti-
guo con muertos) cuya autoridad en cuestiones
arqueológicas es para mí tan respetable como la del
docto Agustino, porque á su ciencia reune la buena
cualidad, que faltaba al padre Florez, de no dejarse
cegar por la pasion de bandería, opina que los que
el autor de la *España sagrada* califica de monumentos cartagineses son romanos. Fúndase el señor
Guerra, entre otras razones, en la muy poderosa de

que en ninguno de los 300 monumentos de esta clase que hasta no ha mucho se contaban en la península, se ha encontrado inscripcion alguna púnica y sí sólo latinas. Estos monumentos, en concepto del señor Guerra, fueron en su orígen piedras terminales de regiones ó provincias, y despues se fueron aprovechando para consignar en ellas memorias de personas amadas vivas ó muertas.

El padre Florez afirmó con pasmosa seguridad que los cartagineses acostumbraban á dejar la figura del elefante en los sitios que iban conquistando, y al llegar á Durango no se contentaron con dejar el elefante sino que le colocaron encima de un globo para denotar que el Africa conquistaria el orbe. Es mucha casualidad que á pesar de haber andado por toda España plantando elefantitos, no les ocurrió á los tales cartagineses hasta que llegaron á Durango la linda alegoría de la bola ó rueda entre las piernas del elefante! Sin duda el padre Florez debió pensar que escribia para gentes que comulgaban con ruedas de molino y tragaban bolas como la que quiso embocarles á propósito del mamarracho de Miqueldi.

Cuesta trabajo creer que fuese el sabio agustino quien escribió las líneas en cuya refutacion me ocupo. En efecto, ¿cómo concebir que el padre Florez creyese que el rinoceronte y el elefante son un mismo animal? No se me diga que el padre Florez no creyó

tal cosa, pues bien claro ló indican sus palabras:
despúes de sostener que el mazacote de Miqueldi representa un elefante, añade: «y en efecto, el citado
Otálora le califica de Abbada ó Reinoceronte.» ¿No
indica este modo de expresarse que para el padre
Florez rinoceronte y elefante eran sinónimos?

Pase que Otálora dijese que el cuadrúpedo tenia
entre los piés un *globo* grandísimo, porque probа-
blemente no sabria distinguir entre el disco que es
«la superficie plana comprendida dentro de una circunferencia» y el globo que es «una bola ó cuerpo
esférico comprendido bajo una sola superficie» pero
no puede pasar el que lo dijese el padre Florez,
porque el padre Florez sabia muy bien que el disco
y el globo son figúras geométricas muy diferentes.

Pero el padre Florez tuvo una razon muy poderosa
para suponer que el elefante y el rinoceronte son sinónimos y sinónimos son tambien el globo y el disco:
sin estas sinonimias tenia que echarse á caza de otra
hipótesis, porque era imposible la de que los cartagineses llegaron á Durango y plantaron allí el elefante que representaba á Africa y le pusieron á los
piés un globo para significar que Africa dominaria
el orbe.

Aunque el padre Florez hubiese poseido el arte
de Birlibirloque y por medio de él hubiese convertido al jabalí en elefante, y al disco en globo, to-

davia le quedaba por vencer otra dificultad, y no floja, para que su hipótesis no fuese trabajo perdido. Encajemos aquí un trocito de historia, ya que no tenemos á mano cualquier chiquillo de la escuela que nos lo relate.

. La teoría de la esferoicidad de la tierra es ciertamente tan antigua como las conquistas de los cartagineses, que como es sabido precedieron dos ó tres siglos á la era cristiana. Hace cosa de dos mil años, un discípulo de Platon, llamado Eudoxio, sostenia que la tierra era un gran globo, y sus contemporáneos, que fluctuaban entre si tenia la forma plana ó la cilíndrica, no le dieron mucho crédito. Los romanos, que eran muy positivistas, se rieron de estas teorías de los sabios y les hicieron poco caso teniéndolas por sueños. Así la idea de la esferoicidad de la tierra, lejos de vulgarizarse, quedó oculta en los libros de los sabios que muy pocos leian. A la incredulidad romana, sucedió el rigorismo del dogma cristiano, que tomando al pié de la letra ciertas palabras de la Biblia, veia en estas palabras un sistema contrario al de Eudoxio y sus adeptos. San Agustin, que floreció en Cartago en el siglo v de la era cristiana, escribió acerca de la forma de la tierra. En el siglo vii un monge griego llamado Kosmos, emprendió largos viajes é hizo una *cosmografia*, dando á la tierra la forma de una cofa, que antiguamente era redonda, y no semi-oval como ahora. En los siglos siguientes, la idea griega aparecia de cuando en cuando, pero nadie se atrevia á expresarla más que en voz baja, y á fines del siglo xv Galileo sufrió siete años de cautiverio por sostenerla en voz alta. Vinieron por fin los descubrimientos de Colon y la atrevida navegacion de Magallanes y su compañero y sucesor el vascongado Elcano, y el emperador Cárles V puso en el escudo de este último navegante un globo con el lema *Primus circum dedi*, y desde entonces el globo fué la representacion de la tierra. En resúmen: hasta diez y seis siglos despues de las conquistas de los cartagineses no se convino en que la tierra era esférica, y por consiguiente no se empleó la esfera ó globo para representarla.

Despues de este trozo de historia astronómico-escolar..... de primeras letras, para qué diablos he de gastar tiempo en combatir la hipótesis del padre Florez?

Pero del fondo de mi conciencia se levanta una voz imperiosa en favor del padre Florez, cuya ciencia admiro y respeto como el primero. El padre Florez, para escribir su gran obra, necesitó la ayuda de sus amigos, porque las fuerzas de un sólo hombre no bastan para levantar tan colosal monumento. Acudió á su amigo y cofrade el padre Laviano para que le informase acerca de las antigüedades del Du-

ranguesado, y viendo que el informe del agustino
durangués estaba conforme con sus ideas anti-loyo-
listas, le ingerió en su obra sin correctivo. El padre
Laviano habia escrito una historia de los milagros
del Santo Cristo de Burgos, donde habia residido
muchos años. ¡Lástima que asi como sabia historiar
milagros no hubiese sabido hacerlos, en cuyo caso
hubiera servido por completo á su amigo!

El lector me dirá: estamos conformes en que es
absurdo lo que Otálora y sobre todo el padre Florez
escribieron de la escultura de Miqueldi, pero la obra
de usted queda incompleta si no nos dice de dónde
vino ó que objeto tuvo aquella escultura, si en efecto
es tal escultura y no obra de la naturaleza, á la que
á veces la casualidad hace afectar las formas del arte.

No, no es obra de la naturaleza el mamarracho
de Miqueldi; en aquella figura intervino el arte, y
tal, que el de un simple cantero no conseguiria dar
á la figura los lineamientos y contornos que tiene, á
pesar de que todo hace creer que el artista no dió la
última mano á su obra.

Sabido es, porque lo atestiguan aún muchos monumentos, que en la edad media se adornaban los
edificios más suntuosos con esculturas, algunas es-
travagantísimas, que representaban animales, escenas
puramente fantásticas ó alegóricas y pasajes de la
historia sagrada y profana. En los terribles incen-

19

dios que redujeron casi completamente á cenizas la villa de Durango en los años 1554 y 1672, desaparecieron edificios muy notables, en los que, si existieran aún, llamarian la atencion del viajero las caprichosas esculturas á que aludo, pues se ven en el dia en una de las pocas casas que no desaparecieron en los incendios ó inundaciones que tambien han desolado á la villa.

Esta casa es la torre solariega de Láriz situada cerca de la puerta de Santa Ana, en el extremo de Barremalle, y habilitada en estos últimos años para cárcel. Sus muros exteriores, y particularmente los del Norte, que eran medianeros de otra gran casa solariega que fué consumida por las llamas, muestran aún las señales del fuego. En la fachada principal de esta torre, ó sea la que da á la calle, se ve á la altura del segundo piso una hilera de doce ó trece *tizones* de piedra areniza que sobresalen notablemente del muro, y se componen de enormes sillares que representan: uno de ellos una mujer con el pecho descubierto y el pelo suelto y tendido, otro un rey con cetro, otro un bosque, otro un toro al que sujetan dos hombres por los cuernos, y los restantes objetos ó escenas no ménos inexplicables y extrañas. Hay quien supone que representan estos *tizones* un Zodiaco, pero yo no me atrevo á asentir á esta opinion porque la contradicen algunas de las figuras.

La piedra en que están ejecutadas estas esculturas es areniza, é indudablemente extráida de las
canteras de Galindo, situadas en la falda del monte á
cuyo pié tiene su asiento la inmediata anteiglesia de
Yúrreta, y de estas canteras procede toda ó casi toda
la piedra areniza de que están construidos los edificios de Durango, pues la piedra de la opuesta banda,
que es la meridional, es toda caliza. Miqueldi está
casi al pié de las canteras de Galindo, si bien se halla
por medio el rio que baja de Abadiano, y la escultura tan controvertida es tambien de piedra de aquellas
llas canteras. Aunque la tal escultura no está des-
vastada y pulimentada como las de la torre de
Barrencalle, su tamaño es poco mayor que el de
estas últimas.

Ahora bien: ¿no es hipótesis tan admisible que
vale poco ménos que la evidencia, la de que baja-
das al llano de Miqueldi las piedras que habian de
servir para decorar la torre de Lériz ú otras se es-
culpieron allí, y desde allí se condujeron las esculturas á los edificios á que se destinaban, y una de
estas piedras á medio esculpir quedó abandonada en
Miqueldi porque al escultor no le salió bien su trabajo, porque sobró, porque lo que representaba no
agradó al dueño ó maestro del edificio, ó por cualquiera otra causa? Hoy mismo vemos que donde se
labran piedras ó maderas para edificios queda alguna

piedra sobrante ó inútil y allí permanece años y años, hasta que se pudre si es madera ó se esconde entre la tierra si es piedra. La piedra que quedó abandonada en Miqueldi sufrió esta última suerte, y andando el tiempo fué *idorúa* para los que la encontraron y mas tarde *ídolo* para el chocho de Otálora, y despues monumento insigne de cartagineses para el apasionadísimo padre Florez, y por último aerolito metálico para Humbolt ó Bouchardat!

Dígaseme ahora cual hipótesis es más plausible, cual más razonable, cual más lógica, cual más admisible, la del muy reverendo padre maestro fray Enrique Florez ó la del humilde autor de este *Capítulo*.

Así el Sr. Delmas como yo convinimos sin disputa alguna en que la escultura de Miqueldi, prescindiendo de que tuviese ó no el orígen y la significacion que la habian atribuido Otálora y Florez, era ya un objeto curioso y digno de ser conservado por el sólo hecho de haber servido de tema por espacio de más de dos siglos á tantas suposiciones y controversias, y el Sr. Jáuregui, con el buen sentido que le caracteriza, se adhirió á nuestra opinion, que tampoco recusó el Sr. Echazárreta, porque deciamos todos: «Vizcaya tiene interés en la conservacion de este monumento donde pueda verle y examinarle todo el que quiera, tanto más, cuanto que nada dice en

desdoro de nuestra historia religiosa y civil. Si le
ocultásemos ó destruyésemos, podria sospecharse con
razon que le habiamos hecho desaparecer porque
nos deshonraba.» Pensando así el digno alcalde de
Durango, determinó extraer la escultura del sitio
donde estaba y colocarla de pié y resguardada con
un enverjadito en el campo contiguo á la ermita,
encargando á la familia que cuida de esta, y que
tiene allí su habitacion, cuidase tambien de aquella
curiosidad. Yo por mi parte me comprometí á escribir un articulo parecido al presente y á regalar su
edicion en forma de librito, á la ermitaña, para que
por una pequeña cantidad le expendiese á los curiosos que fuesen á examinar el supuesto ídolo y tuviese alguna recompensa su esmero en cuidar de la
conservacion de la escultura.

Despues de reconocer otras antigüedades tan curiosas como las mómias de Sancho Estiguiz y su
mujer doña Toda, que segun la tradicion yacen desde
el siglo ix en un sepulcro de San Pedro de Tavira,
regresamos á Bilbao seguros de que al volver pocos
dias despues para examinar las antigüedades de Abadiano, que las tiene muy notables, encontrariamos
ya á Miqueldico-idorúa instalado en su nueva habitacion; pero nos hallamos al dia siguiente con una carta
en que el Sr. Jáuregui nos daba una noticia tan
inesperada como desagradable. La dueña de la he-

redad en que estaba la escultura de Miqueldi habia
llevado muy á mal que se descubriese la piedra, exi-
gia que se la vólviese á enterrar y se lamentaba de
no haberla hecho pedazos, suponiendo que era un
padron de ignominia para la villa de Durango. Este
singular proceder y este absurdo modo de pensar
eran hijos de un patriotismo malísimamente entendido: aquella mal aconsejada señora creia que el señor Delmas y yo íbamos á sostener, como el padre
Florez, que los cartagineses habian ido á Durango á
erigir templos á la idolatría. Tanto el Sr. Delmas
como yo, perdonamos la ofensa que *sin conocernos*
se nos hacia, y yo me apresuré á poner en conocimiento de la diputacion general del Señorío lo que
ocurria, á fin de que participándolo al gobierno
civil, este facultase al alcalde de Durango para que
mientras se reunia la comision de monumentos artís-
ticos y calificaba la importancia del de Miqueldi, im-
pidiese á todo trance la destruccion ó deterioro de
aquella curiosidad arqueológica. El alcalde de Durango recibió y cumplimentó esta órden; pero como
á la comision de monumentos no se la ve ni se la
oye en Vizcaya, como sucede en casi todas las provincias de España, Miqueldico-idorúa sigue acostado
en su fosa, y allí permanecerá hasta que algun
carro, *movido*, no ya por un patriotismo mal entendido, sino por un par de bueyes, que para el caso

viene á ser igual, le plante una rueda encima y le
haga pedazos.

Deseaba yo sacar una vista fotográfica de la escultura de Miqueldi y este era tambien el deseo del
inteligente director del *Museo universal*, excelente
periódico ilustrado en cuyas columnas vió la luz pública este *Capítulo*, pero nuestros deseos quedaron
en deseos, porque si la dueña de la heredad de Miqueldi mostró pesar de no haber hecho pedazos el
ídolo, sólo porque le vimos, ¡qué no hubiera hecho
si le hubiésemos retratado!

EL CANTO DE LAMIA.

A LA SEÑORA DOÑA FLORENTINA CAMALEÑO DE SANTA ANA.

I.

Amiga y señora mia : á usted que es aficionadí-
sima á la noble tierra vascongada, cuyas sencillas
costumbres simpatizan con la sencillez de su trato,
de sus gustos y de su corazon ; á usted que me honra
y honra á mi familia y mis humildes escritos con su
estimacion ; á usted en cuyos ojos siempre hay lágrimas para todos los infortunios, y en cuyo corazon
siempre hay indulgencia para todas las faltas; á
usted en quien he admirado siempre el modelo de las
buenas hijas, de las buenas esposas y de las buenas

madres; á usted voy á referir, lisa y llanamente, la leyenda del amor y los dolores de una madre, que he recogido én estas verdes y pacíficas orillas del Ibaizabal.

Corria el primer tercio del siglo xvII. Entonces las laderas de los montes que se alzan á una y otra orilla de nuestro valle, estaban cubiertas de espesas y frondosas arboledas que fueron desapareciendo durante la última guerra civil, y sobre todo despues de la guerra, con motivo del gran incremento que tomó la construccion naval en nuestros astilleros de ·Zorroza, Deusto, la Salve y Ripa.

Cuando yo era niño, se extendian hermosos bosques de robles y castaños por las faldas meridionales de Archanda y Bérriz, que hoy están casi desnudas, y áun por el fondo del valle donde, á Dios gracias, han reemplazado á las antiguas arboledas adornos no ménos bellos y mucho más útiles, cuales son multitud de hermosas quintas, caserías, huertas, jardines y establecimientos fabriles.

En la falda meridional del monte Bérriz, en un bosque de frondosos castaños, habia en el primer tercio del siglo xvII una casa rodeada de unas cuantas fanegas de tierra labrantía. Aquella casería y la felicidad de sus moradores inspiró sin duda al pueblo una *canta* que oi por primera vez en aquellas praderas, y mal traducida al castellano, dice:

«Una heredad en un bosque
y una casa en la heredad,
y en la casa pan y amor,
¡Jesus, qué felicidad!»

Sí, eran muy felices Martin y Prudencia, que así se llamaban los moradores de Aurrecoechea. Su amor tuvo principio en la santa ocupacion del trabajo.

Prudencia vivia en la casa de Aurrecoechea, cuya hacienda tenia que labrar por sí misma para sustentarse á sí propia y para sustentar á su madre, que era su única familia y estaba imposibilitada para el trabajo.

En otra caseria cercana vivia Martin, que tambien tenia que labrar con sus propios brazos la hacienda paterna, único recurso con que contaban él y sus padres, que eran ancianos y no podian ya trabajar.

Ciertos trabajos del labrador vizcaino, tales como el de la layada, reclaman la union de fuerzas de dos ó más personas Así es que cási nunca laya una sola, porque el labrador que no tiene en su familia quien le acompañe en este rudo trabajo y carece de medios para sufragar jornales, laya *á trueque* con aquel de sus vecinos que se halla en el mismo caso, es decir, que se reunen y alternan layando un dia en las heredades del uno, y otro en las heredades del otro.

Cuando llegaba la estacion de la layada, que es

aquella en que comienzan el cielo á vestirse de azul y los pájaros á cantar en los árboles y las flores á brotar en los endrinos de las estradas, Martin y Prudencia se reunian para layar á trueque, y en aquella ocupacion, que no me pesa haber calificado de santa, porque trabajo santo es el del que riega la tierr con el sudor de su frente para que brote el sustento de la familia, en aquella ocupacion nació y creció el purísimo y ardiente amor de los dos honrados y hermosos jóvenes.

Es más fácil comprender que explicar el dulce encanto que tendria para ellos el trabajo á que se entregaban á la par unidos de cuerpo y de corazon.

Ambos perdieron casi á un mismo tiempo á sus padres, y á ambos parecia entónces haber quedado sólos en el mundo; pero cuando Prudencia veia desde su ventana la casa de Martin, y desde la suya veia Martin la casa de Prudencia, á ambos sonreia la esperanza y ambos dejaban de creerse en el mundo sólos.

Una hermosa mañana de primavera, Prudencia salió de su casa al mismo tiempo que Martin salia de la suya, y reuniéndose en la cuesta, bajaron juntos al llano y entraron en la iglesia de San Pedro de Deustua. Una hora despues subian la cuesta asidos cariñosamente del brazo, y en vez de separarse allí para dirigirse cada uno á su casa, se dirigieron juntos á la de Prudencia, porque es de saber que el amor y la religion habian hecho bienes comunes de Prudencia y Martin las dos caserías.

Dos años vivieron Prudencia y Martin pobres de bienes, pero ricos de amor y felicidad, y entonces fué sin duda cuando algun *versulari* de las alturas de Goyerri ó de los llanos de Olaveaga compuso la *canta* vascongada que he traducido.

Pero como en este mundo nunca es completa la felicidad, tampoco lo era la de Martin y Prudencia, porque muchas veces, cuando desde Aurrecoechea oian las campanas de Santa María de Begoña, decia Martin:

—Hemos de ir á mandar decir una misa á la Virgen para que el Señor nós de por su intercesion lo único que nos hace falta.

—Sí, hemos de ir, contestaba Prudencia, encendiéndose su rostro de rubor y de alegría. Lo que Martin y Prudencia creian hacerles falta era un hijo.

II.

Martin y Prudencia estaban locos de alegría porque en el seno de la jóven esposa alentaba el ser por ambos tan deseado; pero aquella alegría duró muy

poco: una tarde de otoño, estaban ambos en el castañar, Martin subido en un altísimo castaño cuyas
ramas apaleaba con una larga pértiga y Prudencia
recogiendo en un cesto los erizos que Martin derri-
baba, erizos que enseñaban, reventando de orgullo,
el rubio fruto de su seno, como Prudencia esperaba
enseñar muy pronto el del suyo. De repente se oyó
un prolongado crugido hácia el castaño donde estaba
Martin, y este cayó al suelo dando un grito de espanto al que siguió otro de Prudencia. Corrió esta
desalada en auxilio de su esposo, y atronó el castañar reclamando la ayuda de sus vecinos, que acudieron presurosos á dársela; pero todo fué inútil:
Martin, de cuya caida era causa la rotura de la rama
en que se apoyaba, habia dejado de existir!

En la plenitud de su inmenso dolor, Prudencia oyó
las campanas de Begoña que tocaban casualmente á
muerto, y pidió á la Vírgen que intercediese con el
Señor para que la aliviase del triste peso de la vida;
pero acordándose del fruto de su bendito amor, se
arrepintió inmediatamente de aquel arranque de desesperacion y exclamó:

—No, no, Señora, no escucheis mi culpable súplica: necesito la vida para consagrarla á la inocente
criatura que se agita en mis entrañas!

Dos meses despues, Prudencia dió á luz un hermoso niño que vino al mundo causando á su madre,

por espacio de muchos dias, dolores tan acerbos, que apenas se comprende como pudo resistirlos la naturaleza humana.

Dicen que hay países donde las mujeres paren y crian á sus hijos casi sin dolor, y que á esto es debido el poco amor que en tales países tienen las madres á los hijos. Si es verdad que el amor de las madres guarda proporcion con los dolores maternales, el amor de Prudencia á su hijo debia ser inmenso.

Ocho años contaba ya Ignacio, nombre que llevaba el hijo de Prudencia en memoria del santo caballero de Loyola, y ocho años hacia que la vida de su pobre madre era una cadena no interrumpida de angustias y sacrificios para conservar la existencia de aquella criatura que nació vacilando entre la vida y la muerte, y habia al fin triunfado de esta merced á los cuidados maternales.

—¡Espanta considerar lo que ese hijo te ha costado! decia á Prudencia la piadosa ermitaña de San Bartolomé de Bérriz. Si hijo hay en el mundo que esté obligado á querer á su madre, ese es el tuyo.

A la pobre Prudencia se le saltaban las lágrimas al oir esto. ¿Era que su hijo no la queria todo lo que su amor y sus sacrificios reclamaban? ¡Ay, así era!

Pocas son las madres que no tienen derecho á lla-

mar ingratos á sus hijos! ¡Pocos son los hijos que
despues de haber perdido á su madre no tienen en
el fondo del corazon el remordimiento de no haberla
amado todo lo que merecia!

Ignacio parecia mirar con indiferencia el amor y
la tierna solicitud de su madre, á la que trataba con
un despego, que si en la irreflexiva edad de ocho
años no era culpable, al ménos hacia temer que la
ingratitud y la frialdad de corazon fuesen siempre la
moneda con que á Prudencia pagase su hijo su amor
y sus sacrificios maternales.

Hasta los siete años el niño se habia criado siempre débil y enfermizo, pero al llegar á esta edad
empezó á mejorar notablemente, y un año despues
era uno de los niños más sanos y robustos que tra-
veseaban en la ribera del Ibaizabal.

Sí, en la ribera del Ibaizabal y no en los altos de
Goyerri era donde se le encontraba á todas horas del
dia contra la voluntad de su madre, que temia le
sucediese alguna desgracia en el rio y se oponia en
vano á que bajase á la ribera.

Queria Prudencia que su hijo se encariñase con
la casa paterna, con las heredades y las arboledas
que rodeaban á esta, y con las ocupaciones de sus
pádres; pero el agua, los barcos y los marineros eran
el amor de los amores para el niño; no habia para
él campo más hermoso que una gran extension de

agua, ni morada más bella y cómoda que una nave,
ni sociedad más grata que la de los rudos marinos
curtidos y envejecidos en las luchas con las tempestades y los piratas.

Cuando su madre bajaba á buscarle á Olaveaga ó
Zorroz-aurre, siempre le encontraba manejando el
remo en un botecillo, trepando á la cofa de algun
buque, en la cubierta de alguno de estos, ó en la
ahumada taberna donde se solazaba la marinería,
embelesado con el relato de las aventuras de los
marinos.

Si grandes penas habia costado á Prudencia la
crianza de su hijo, no era menor la que le costaba
aquella ardiente aficion del niño á la marinería. La
ambicion de una madre no puede consistir en que su
hijo abandone el hogar paterno y pase la vida en la
soledad y el constante peligro de los mares. Ya he
dicho cuál era la ambicion de Prudencia; ver á su
hijo perpétuamente á su lado, cultivando los campos
regados con el sudor paterno, y alegrando el hogar
donde tantas lágrimas se habian derramado ya por él.

Tenia ya Ignacio doce años, y gracias, no á su
aplicacion sino á su natural inteligencia y á los cons-
tantes esfuerzos de su madre para que asistiera á la
escuela, sabia leer y escribir medianamente.

En las veladas de invierno, empeñábase su madre
en que leyese en alta voz libros piadosos ó libros

20

en que se historiaban las glorias de la patria; pero
lo único que Ignacio queria leer era una fantástica
relacion de los viajes de Colon, Elcano y otros navegantes, y algunos romances en que para solaz y
extravío del vulgo se fantaseaban increibles aventuras marinas que exaltaban la imaginacion de aquella
pobre criatura, que parecia haber venido al mundo
sólo para perpétuo tormento de su tierna madre.

Las exageradas y romancescas narraciones con
que le embobaban diariamente los marinos, pintán-
dole cosa muy fácil el descubrimiento y conquista de
Jaujas y Eldorados, completaban en la imaginacion
de Ignacio el pernicioso efecto de aquellas lecturas.

Como le recordase un dia su madre que se hallaba
ya en edad de acompañarla asíduamente en el trabajo de las heredades y en el cuidado del ganado,
Ignacio contestó lo que su madre temia hacia tiempo,
que aborrecia la vida del labrador y estaba firme-
mente resuelto á dedicarse á la marinería.

En vano trató Prudencia de disuadir á su hijo de
aquella resolucion: su hijo insistió en ella, y pasaron
años y años é Ignacio cumplió veinte decidido cómo
nunca á trocar la pacífica vida que le ofrecian las
arboledas del monte Bérriz por la vida turbulenta
que le ofrecian las soledades del Océano.

El amor de Prudencia á su hijo, léjos de entibiarse
con la mala correspondencia que en este hallaba, era

cada vez más ardiente, más profundo, más acendrado, más inquebrantable; Prudencia sólo vivia
para amar á Dios y á su hijo. Si algun amor mater-
nal ha merecido el nombre de idolatría ó locura,
ese amor era el de aquella pobre madre!

III.

Los ruegos y las lágrimas de Prudencia no habian
bastado para que Ignacio abandonase su resolucion
de lanzarse al Océano: despues de algunas cortas
navegaciones por el mar Cantábrico, navegaciones
que sólo por cortísimo tiempo privaban á Prudencia
de la compañia de su hijo, sin la cual no podia
vivir, Ignacio subió un dia de la ribera dando á su
madre la tristísima noticia de que estaba resuelto á
emprender una navegacion de algunos meses. Y no
fué esta la única resolucion que aquel dia puso en
noticia de su desconsolada madre: uníase á ella la de
vender la casa y la hacienda donde habia nacido y
vivido su padre hasta que pasó á vivir á Aurrecoechea, para comprar con su producto una linda y
velera navecilla que estaba de venta en las aguas de
Zorroz-aurre.
A las lágrimas y las súplicas de su madre para

que desistiese de aquella resolucion, opuso Ignacio
su constante argumento de que si estaba de Dios que
habia de morir desgraciadamente, lo mismo moriria
en tierra que en mar, como sucedió á su padre que
encontró una muerte desastrosa en los tranquilos
castañarès de Goyerri.

Prudencia luchó larga y dolorosamente antes de
consentir en el proyecto de su hijo; pero quedó ven-
cida en la lucha, y lo más singular es que aunque
comprendia la indigna conducta de aquel hijo, que
vendia la casa paterna y sumia á su madre en un
piélago inmenso de dolor sólo por satisfacer un insensato capricho, su amor de madre, lejos de debi-
litarse, se fortaleció más y más con las lágrimas,
como siempre habia sucedido.

Algunos dias despues, Ignacio, radiante de alegría y orgullo, dirigia las maniobras de la tripula-
cion de su nave, que se preparaba á abandonar las
tranquilas aguas del Ibaizabal, en tanto que su madre lloraba sin consuelo en el cercano muelle donde
momentos ántes, al separarse de ella para trasla-
darse al buque, su hijo le habia dado un frio abrazo
acompañado de estas frias palabras:

—Ea, basta de lloriqueo, y hasta dentro de seis
meses.

La nave partió lentamente impulsada sólo por el
viento, porque ¡cómo su armador y maestre, que se

creia ya un héroe como Elcano y Machin de Mun-
guia, habia de descender al vulgar recurso de la
sirga! Prudencia no apartaba de ella sus ojos casi
cegados por el llanto, esperando la última mirada y
la última señal de despedida de su hijo; pero su hijo
desapareció tras el monte del Sepulcro sin acordarse
de volver los ojos á su desconsolada madre!

Por aquellos tiempos no eran como hoy hermosos
vergeles las llanuras de Elorrieta y Zorroz-aurre,
que se extienden á la derecha del Ibaizabal desde el
pié meridional del monte del Sepulcro, hasta el
blanco y populoso barrio de Olaveaga, que entónces
constaba sólo de una docena de casas, y las que hoy
son fructiferas heredades y huertas salpicadas de
alegres caserias, eran entónces estériles juncales, á
donde penetraban las mareas.

Con el corazon desgarrado atravesó Prudencia las
junqueras y subió lentamente las cuestas de Goyerri, dirigiendo á cada instante la vista hácia el
Noroeste, en busca de la nave en que se alejaba su
hijo.

Al llegar al castañar de Aurrecoechea buscó, como
siempre que pasaba por aquel sitio, un alto castaño
en cuyo tronco se veia clavada una tosca cruz de
madera; pero en vez de detenerse sólo un instante
delante de aquella cruz para derramar una lágrima
y rezar un Padre nuestro, que era lo que solia hacer,

se arrodilló al pié del castaño y regó con su llanto la tierra regada con la sangre de su esposo, á quien no llamo desventurado porque era más dichoso que Prudencia. La tierra regada con la sangre de Martin estaba á la sazon cubierta de florecitas, cuyo color azúl parecia recordar la Jerusalem celeste, donde el Señor guarda inefables alegrías para los tristes de la tierra.

Bienaventurados los que creen, ha dicho el Señor; Prudencia que creia, depositó allí sus dolores, en el seno de un sér invisible, y cuando se levantó para proseguir su camino hácia el triste y solitario hogar, parecia ya completamente consolada y libre de aquel horrible peso.

Al acercarse á su casa dirigió por última vez la vista hácia el Noroeste. El sol que se ocultaba tras los montes encartados, bañaba de vivísima luz e turbulento piélago que se extiende entre el cabo Lucero y el cabo Villano, y á beneficio de aquel clarísimo resplandor Prudencia distinguió y conoció la nave de su hijo; y fijos constantemente los ojos en ella, permaneció allí inmóvil hasta que la vió desaparecer entre las brumas del horizonte.

¡Ay! tal vez Dios hizo creer á la pobre madre que desde aquella nave á su vez unos ojos anublados de lágrimas buscaban en los castañares de Bérriz la blanca caseria de Aurrecoechea!

IV.

La llanura que hoy conocemos con el nombre de playa de Lamiaco, conocíase á principios del siglo XVII con el nombre de Junqueras de Dóndiz.

Dóndiz se llama esa alegre aldeita que se asienta en las verdes colinas que dominan á Lamiaco, y en esa aldeita fué donde un anciano me contó la triste historia de Prudencia, mientras que, con su pipa en la boca, apacentaba el ganado en las herbosas lindes de una heredad.

Lo mismo en la lengua vascongada que en la castellana, tiene el nombre de Lamia una de las fantásticas creaciones del vulgo. Lamia es una especie de hada acuática que se diferencia de la Sirena en que esta sólo vive en los mares y su cántico atrae á los hombres para perderlos, y aquella vive en los mares y los ríos y su canto atrae á los hombres para hacerlos dichosos.

A las junqueras ó playas de Dóndiz diósele el nombre vascongado de Lamiaco-playa, que literalmente traducido equivale á playa de Lamia. Al traducir el vulgo este nombre al castellano, ha incurrido en un barbarismo conservando la posposicion vascongada *co* que corresponde á la preposicion castellana *de*.

Pero ¿por qué se llamó á la playa de Dóndiz Lamiaco-playa? Más adelante lo sabremos. Ahora sólo debo añadir que en el siglo xvii aquellas llanuras, hoy ya convertidas en fructíferas vegas, que dentro de algunos años, gracias al genio industrial y áun al patriotismo de sus actuales dueños, competirán con las mejores de Vizcaya ; aquellas llanuras, repito, eran espesísimos y lóbregos juncales que la fantástica imaginacion popular poblaba de mónstruos marinos y espíritus errantes.

Cuando el célebre, y áun pudiera decirse glorioso consulado de Bilbao, cuya jurisdiccion se extendia *desde Bayona á Bayona*, construyó los magníficos muelles de dos leguas, que hoy el gobierno central deja desmoronar, aunque las naves y mercaderías cuya entrada facilitan le producen cada año cerca de treinta millones de reales (1); cuando el consulado construyó los muelles, dejaron de penetrar las mareas en aquellas llanuras y el pavoroso misterio de los juncales fué desapareciendo.

Pero no olvidemos á Prudencia.—Cerca de seis

_____

(1) Cerca de dos años se han necesitado para que se procediese á reparar un trocito de muelle que se hundió en Olaveaga, y otro que se hundió en Portugalete. Buena voluntad no falta al gobierno, pero estos son los tristes efectos de la centralizacion y su hijo el expedienteo.

meses hacia que habia partido Ignacio, y la pobre
madre no habia tenido noticia alguna de él. En vano
bajaba todos los dias á Olaveaga y Zorroz-aurre á
preguntar por su hijo á los marinos que volvian de
América. Ninguno le daba razon de Ignacio ni de su
nave. Sin embargo, no habia terminado el plazo de
seis meses que Ignacio habia señalado para su vuelta
y Prudencia *esperaba.*

—Si su hijo no vuelve, decia la ermitaña de San
Bartolomé, ¿qué va á ser, Dios mio, de la pobre
Prudencia, que sólo vive porque espera que su hijo
ha de volver?

Prudencia tomaba todos los dias aquella estrada
que partiendo de la planicie de Aurrecoechea, costea la falda meridional del monte Bérriz y termina
en aquella cima que ya es célebre en nuestra historia moderna con el nombre de Banderas. Pasábase
allí horas y horas con la vista fija en el Océano, esperando siempre que apareciese en aquellas móviles
llanuras la nave de su hijo, que estaba segura de no
confundir con ninguna otra; pero la nave de Ignacio
no aparecia entre tantas como diariamente rompian
aquel terrible cordon de irritadas olas que se extiende desde las rocas de Algorta á las de Santurce.

Su esperanza empezó á declinar cuando se cum-
plieron los seis meses de la partida de Ignacio sin
que este hubiese tornado. Prudencia continuaba su-

biendo todos los dias al pináculo de Bérriz y descen-
diendo con un nuevo desengaño.

En la misma proporcion que la pobre madre iba
perdiendo la esperanza, iba perdiendo la vida, porque para ella la esperanza y la vida eran una misma
cosa.

Una tarde se hallaba en el pináculo de Bérriz, con
la vista fija, como siempre, en la mar lejana. El sol
poniente inundaba de luz el golfo que se extiende
entre los cabos Lucero y Villano, lo mismo que
cuando la nave de Ignacio atravesó aquel golfo.!

De repente apareció una blanca vela en la llanura
marina iluminada por el sol, y Prudencia, exhalando
un grito de alegría, descendió por la ladera occidental de Bérriz al monte del Sepulero; vadeó el Azúa
por un alto y estrecho puente de madera, construido
á tiro de arcabuz de la sombría torre de Luchana,
atravesó la llanura y los peñascales de Aspé y entró
en las junqueras de Dóndiz en el momento en que la
nave á cuyo encuentro corria salvaba la barra de
Santurce.

Prudencia perdió de vista á la nave por efecto de
las ondulaciones del terreno por donde Prudencia
caminaba; pero siguió caminando, caminando, por
la playa, á la sazon enjuta, porque estaba baja la
marea. Su corazon latia con violencia, su respira-
cion era agitada y penosa y se habia apoderado de

su alma una ansiedad semejante á la que al abrirse la puerta de su calabozo siente el pobre preso á quien han dicho qué el primero que penetre por ella ha de anunciarle la libertad ó la muerte.

Al salir de una hondonada, hallóse de repente junto á la ansiada nave, y dando un grito de inmenso dolor, cayó al suelo sin conocimiento como herida por un rayo. Su corazon y sus ojos la habian engañado, aquella nave no era la de Ignacio!

Pasados algunos instantes, recobró el conocimiento y haciendo un esfuerzo supremo, tomó Ibaizabal arriba lenta y tristemente como el que ha perdido ya la última esperanza que le quedaba en la tierra.

Cuando llegó á Aurrecoechea era ya muy entrada la noche, y cuando el reloj de los Redentores de Burceña daba las doce, el alma de Prudencia se remontaba al cielo!

V.

Más arriba de Aurrecoechea, casi en la loma del monte, existia una antiquísima ermita consagrada al apóstol San Bartolomé, y por los años de 1379 se constituyeron allí en vida monástica unos piadosos ancianos que deseaban consagrarse á la oracion y al amparo de los viajeros que atravesaban aquellas alturas entonces despobladas y cubiertas de espesos bosques donde abundaban las, fieras.

En 1429 el eremitorio de Bérriz se erigió en convento de religiosos agustinos, y hácia 1515 su comunidad se trasladó á las cercanías de Bilbao, donde el piadoso caballero Tristan de Leguizamon.le proporcionó terreno donde fundar. su nueva casa y templo.

Un siglo despues, es decir, en la primera mitad del xvii, cuidaba de la ermita de San Bartolomé de Bérriz, que ha subsistido casi hasta nuestros tiempos, una santa mujer que más de una vez participó de los dolores de Prudencia y ayudó á esta con sus piadosos consejos. La ermitaña de Bérriz, con cuyo nombre se conocia á aquella sierva de Dios, gozaba gran fama de santidad fundada en su piedad y en la frecuencia con que el Señor iluminaba su espíritu revelándole lo porvenir.

En el momento en que espiraba Prudencia, la ermitaña de Bérriz que oraba ante el altar del santo apóstol, tuvo una singular vision. El humilde templo de San Bartolomé desapareció de su vista, ante la cual se mostraron abiertas las puertas del cielo. Prudencia, circundada de luz y acompañada de una legion de bienaventuradas madres á quienes el amor y los sacrificios maternales habian valido la aureola de las santas, llegaba al pié del trono del Señor, que habló así á la nueva escogida:

—Santa fuiste como hija, como esposa y como madre, y hé aquí que si mucho amaste y padeciste en la tierra, mucha y perdurable gloria tendrás en el cielo.

—¡Gracias, Señor! exclamó Prudencia sonriendo de inefable gozo, al mismo tiempo que en sus ojos asomaba una lágrima.

—¿Por ventura no consideras bastante recompensados tus dolores?

—¡Oh, Señor, sí!

—Pues ¿por qué brilla una lágrima en tus ojos?

—Señor, queda aún en mí un átomo de la débil naturaleza humana, y pienso que si torna mi hijo á las playas nativas ya nadie le esperará en ellas!

—Yo que soy el que todo lo puede, completaré tu gloria disipando tu último dolor. Despréndase ese átomo humano de tu naturaleza celeste, y animado por el santo amor de madre, torne á las playas de Dóndiz.

Al hablar así el Señor, los ojos de Prudencia, libres ya de su última lágrima, brillaron de celeste alegría, porque Prudencia era ya la bienaventurada y no la madre.

Y en aquel instante la singular visión se ocultó á la vista de la ermitaña de San Bartolomé.

Poco tiempo despues empezó á darse el nombre de Lamiaco-playa á las junqueras de Dóndiz, en cuya espesura empezó á oirse el dulcísimo y singular canto de Lamia que aún se oye y seguirá oyéndose mientras se alejen de la patria hijos de esta noble tierra.

El canto de Lamia resuena siempre que abandona las aguas del Ibaizabal, para surcar las del Océano, algun buque en que se aleja de estas montañas algun hijo de ellas. Todas las armonías de la patria, realzadas y embellecidas por la garganta de un angel, se resumen en él : allí la melodía del silbo y el tamboril que alegra nuestros valles; allí las canciones con que nuestras madres y *zenzañas* nos arrullaron en la cuna; allí los *zenzuac*, los *ijuijac*, el *ujuju* y el *cariyi* con que nuestros montañeses hacen correr de monte en monte y de valle en valle sus alertas, sus retos, sus alegrías marciales y sus ansias amorosas; allí el *canto* de las carreteras y el ruido de las tolvas de los molinos y de los mazos de las ferrerías, que son el «aquí estoy» de la industria; allí el repique de nuestras campanas; allí los mil distintos y alegres rumores que alborozan los campos donde se celebran nuestras romerías; allí el canto de nuestras aves y hasta el rumor de la brisa que suspira en nuestras arboledas y el bramido de las olas que se estrellan en nuestras costas; allí, en fin, todas las armonías, todos los cantos, todos los rumores, todos los ruidos que constituyen el aliento y la voz de la vida vascongada.

Y este canto es tan dulce y seductor, que oidos que le oyen jamás le olvidan, y corazon que latió al oirle jamás deja de látir por la patria á donde ansían perpétuamente tornar los que están lejos de ella, porque jamás deja de resonar en su oido el canto de Lamia.

Andando el tiempo, la casa en que Ignacio víno al mundo y donde hizo derramar á su madre tantas lágrimas se convirtió en un convento de capuchinos trinitarios, cuyas tristes ruinas veo desde la estancia en que escribo; y se sabe que el venerable fray Matías de Marquina, primer superior de aquella santa casa, solia aplicar el sacrificio de la misa por la salvacion del hijo de Prudencia.

En cuanto al hijo de Prudencia, *no ha tornado* ni tornará á las playas nativas, porque Dios, cuya justicia tiene premios para todo lo bueno y castigos para todo lo malo, no da al mónstruo que desconoce el amor filial la felicidad más dulce de la tierra, que es tornar á la patria despues de haber suspirado por ella en el destierro.

LOS AGUIRRES DE TOLEDO

I.

Pedro de Alcocer, vecino de Toledo, escribió en aquella ciudad, durante la guerra de las comunidades, un libro que lleva este título: *Relacion de algunos sucesos de estos reinos despues de la muerte de la reina doña Isabel hasta que acabaron las comunidades de Castilla.*

Es muy comun la duda de que el autor de tal libro se llamase realmente Pedro de Alcocer. En 1554 se imprimió en Toledo otro que tambien llevaba en la portada el nombre de Pedro de Alcocer, y cuyo título era: *Historia ó descripcion de. la imperial ciudad de Toledo, con todas las cosas acontecidas en ella desde su principio y fundacion, adonde se*

21

tocan y se refieren muchas antigüedades y cosas no-
tables de la historia general de España. Tamayo de
Vargas asegura terminantemente en sus *Novedades*
antiguas que el autor de esta *Historia de Toledo*
fué el canónigo Juan de Vergara, y el padre Burriel
dijo en las *Memorias de las santas Justa y Rufina,*
que la *Historia de Toledo* tiene la recomendacion
de haber trabajado en ella el mejor hombre de aquel
tiempo, el canónigo Juan de Valera.

De estos datos sin duda han partido varios de
nuestros contemporáneos para creer que Pedro de
Alcocer no fué otro que el canónigo Juan de Vergara, y ojalá que no se equivocasen, porque Juan de
Vergara, si era tan honrado y tan sabio como le supone el padre Burriel, no hubiera incurrido en las
ligerezas, y áun pudiera decirse calumnias, en que
incurrió Pedro de Alcocer. D. Antonio Ferrer del
Rio dice en su *Historia del levantamiento de las co-*
munidades de Castilla, escrita y publicada en 1850,
que lo oyó afirmar á D. Bartolomé José Gallardo
(Dios le haya perdonado!) y al presbítero D. Ramon
Fernandez de Loaisa, quien en carta de 24 de Abril
de 1850 le añadia explicando lo que pudo inducir al
canónigo Vergara á ocultar su nombre: — «Su posi-
cion política era muy delicada en sus últimos años,
en razon de que necesitaba no irritar los ánimos mal
dispuestos contra él por haber defendido el partido

de los conversos contra la introduccion del estatutó
de Siliceo.» El mismo Sr. Ferrer del Rio opina que
es nombre supuesto el de Pedro de Alcocer, y por
último se inclina á la misma opinion D. Tomás Mu-
ñoz y Romero en su *Diccionario bibliográfico histórico* publicado en 1858.

La opinion de personas tan eruditas, y sobre todo
la del Sr. Fernandez de Loaisa, ilustrado anciano,
que durante muchísimos años desempeñó en Toledo
una cátedra de historia, parece que debiera ser
razon suficiente para que yo no siguiera la contraria,
y sin embargo me hallo en el deber de decir que
Pedro de Alcocer existió y fué el verdadero autor
de la relacion de las comunidades y de la *Historia
de Toledo*. Veamos la principal razon en que me
fundo.

A poco de imprimirse en Toledo por Juan Ferrer
la historia de aquella ciudad escrita por Pedro de
Alcocer, el insigne cronista Estéban de Garibay
acudió á la provincia de Guipúzcoa, de la que era
amantísimo hijo, exponiéndole la pena con que habia visto que en el capítulo 67 del libro primero de
la *Historia de Toledo* se estampaba la falsedad de
que el rey de Castilla D. Alfonso IX, á quien el historiador toledano llamaba VIII, habia tomado por
fuerza la provincia de Guipúzcoa al rey de Navarra
D. Sancho, cuando es un hecho auténtico é indispu-

table que D. Alfonso la tomó por *encomienda* y no por *conquista*. El docto historiador pedia á su provincia que reclamase contra tal error, para que Pedro de Alcocer se retractase en otra impresion de su obra.

El mismo Estéban de Garibay fué autorizado por cartas del corregidor de Guipúzcoa para que hiciese las reclamaciones oportunas cerca de Pedro de Alcocer, y en su virtud se avistó con éste, con el duque del Infantado, *cuyo contador era Alcocer*, y con fray Juan de Alzara, hijo de Cestona, en Guipúzcoa, y general de la órden de San Gerónimo, que residia en el monasterio de San Bartolomé de Lupiana, á dos leguas de Guadalajara.

En esta ciudad se reunieron el duque, Alcocer, fray Juan y Garibay, y despues de discutir la cuestion histórica que allí los reunia, Alcocer se convenció de su error y pidió á su señor el duque licencia para corregir y reimprimir el libro, «porque tenia mucha satisfaccion en dársela cumplida á Guipúzcoa.» El duque accedió gustoso á los deseos de Alcocer, porque á su vez estaba convencido de la justicia con que reclamaban los guipuzcoanos, y aprovechó la ocasion para manifestar á Garibay lo mucho que admiraba y amaba á Guipúzcoa.

Viendo Alcocer la mucha erudicion y literatura de Garibay, dijo á éste:

—No habia pensado yo que en Guipúzcoa hubiese letras, sino armas.

—Haylas, señor, y yo soy el mínimo de ellas, contestóle discreta y modestamente Garibay, quien dió cuenta á Guipúzcoa del desempeño de su encargo en cartas que se depositaron en el archivo de la provincia donde deben estar.

Todo esto consta en las curiosísimas *Memorias de Garibay* que la Academia ha dado por primera vez á luz en el tomo VII de su *Memorial histórico*, y es en verdad muy extraño que siendo tan versados en curiosidades bibliográficas los literatos que se han ocupado en la personalidad de Alcocer, no hubiesen leido el códice del ilustre hijo de Mondragon.

A pesar de la promesa formal hecha á Garibay por Alcocer y el duque del Infantado, la *Historia de Toledo* no se reimprimió hasta más de cuarenta años despues, que se verificó en Madrid por el librero Pedro Coello, pero dejando correr en ella la falsedad de que Guipúzcoa fué conquistada por don Alonso.

El contador del duque del Infantado Pedro de Alcocer debia ser ya muy anciano cuando prometió á Garibay rectificar y reimprimir su libro, pues esto pasó en 1559 y ya escribia durante las Comunidades que terminaron en 1521. Es probable, pues, que la muerte le impidiera cumplir su promesa.

He empezado este *capítulo* con esta digresion no tanto por parecerme de alguna importancia literaria é histórica la averiguacion de si fué Pedro de Alcocer ó Juan de Vergara el autor de los libros que corren con el nombre del primero, como por convenir á mi propósito dejar sentado que Pedro de Alcocer escribió *más de una vez* con indisculpable ligereza tocante á cosas vascongadas, creyendo sin duda «que aquí no habia letras» ó lo que es lo mismo, que los vascongados no le habian de salir al encuentro. Haylas, señor, y yo soy el mínimo de ellas, dice el autor de este libro como su ilustre compatriota Garibay.

Vamos ahora á los Aguirres de Toledo que es lo que más nos importa.

II.

Conocidísima es la sangrienta historia de la guerra de las Comunidades ocurrida en los años 1520 y 1521 con motivo de la avaricia y altanería de los flamencos que trataban á los españoles como á gente conquistada.

Toledo era la ciudad que con más decision habia alzado y sostenia la bandera de las Comunidades, cuyas huestes capitaneaba Juan de Padilla, uno de los mejores caballeros toledanos.

A principios de 1521 empezaba á eclipsarse la buena estrella de los comuneros. Muchos de los que con más fe habian abrazado su causa iban pasándose al enemigo, y por todas partes asomaban en sus filas el desaliento y la traicion.

Naturalmente, conforme menguaba la fuerza moral y material de los comuneros, aumentaba la de los imperiales.

Juan de Padilla reunió en Torrelobaton quinientas lanzas y alguna artillería, con objeto de correrse hácia Toro, recibir allí los refuerzos que esperaba de Zamora, Salamanca y otras ciudades, encaminarse á Burgos, ahuyentar de allí á los gobernadores ó imperiales y dividir su ejército en dos mitades para dar la mano al obispo Acuña que andaba hácia Castilla la Nueva y al conde de Salvatierra que estaba en las merindades de Burgos; pero ántes que pudiese mover de Torrelobaton, llegó á Peñaflor el condestable de Castilla con 6.000 peones y 2.400 caballos, sin contar las fuerzas que tenia diseminadas en Burgos, Rioseco, Portillo, Tordesillas, Simancas y otros puntos.

Así las cosas, Padilla que carecia de dinero para pagar á su gente, acudió por la centésima vez á la generosidad de los toledanos. La ciudad de Toledo,

á pesar de hallarse exhausta de recursos, porque sus
sacrificios en favor de las Comunidades habian sido
grandes, reunió hasta cinco mil ducados y determinó enviarlos á su capitan. Al efecto fueron elegidos dos hermanos vizcainos apellidados Aguirre,
avecindados en Toledo, y segun dice Alcocer, personas abonadas y comuneros ricos. «Estos Aguirres,
continúa Pedro de Alcocer, llegando cerca de Valladolid supieron como los gobernadores tenian mucha
gente junta para ir á cercar á Juan de Padilla, acordaron estarse quedos hasta ver el fin, y si Juan de
Padilla fuese vencido quedarse con el dinero publi-
cando que se lo habian dado, y si venciese, llevár-
sele.»

El mismo Alcocer dice que Lasso de la Vega,
tránsfuga de la Comunidad, se habia situado hácia la
parte de Valladolid é impidió que llegasen á Torrelobaton 2.000 hombres que iban al socorro de Padilla. El Sr. Ferrer del Rio confiesa que estas fuerzas impedian tambien el paso á los Aguirres.

Aburrido Padilla de vacilaciones, determinó abandonar á Torrelobaton y sostener el choque con los
imperiales si, como no dudaba, estos le embestian.
El dia 23 de Abril emprendió la marcha hácia Villalar, que dista tres leguas de Torrelobaton, y alcanzado por la caballería enemiga en aquellos desolados
páramos, más tristes é intransitables que de ordina-

rio aquel dia desapacible y lluvioso, su ejército fué destrozado y el mismo Padilla cayó prisionero.

Pocos dias despues, Juan de Padilla y sus compañeros los capitanes Bravo y Maldonado fueron decapitados en Villalar. La causa de las Comunidades habia muerto ántes de morir sus capitanes.

Valladolid, que estaba por los comuneros, se rindió inmediatamente, y casi todas las ciudades siguieron su ejemplo; pero Toledo se sostenia aún por el esfuerzo casi sobrenatural de doña María Pacheco, viuda de Padilla. Cuando esta heróica mujer supo la muerte de su marido, lloró y oró como mujer y como cristiana.

—Si salgo de la ciudad ó la rindo, maltratarán al pueblo, dijo cuando hubo pasado su primer dolor.

Y enlutada y llorosa, y con su tierno hijo en los brazos, se trasladó al alcázar acompañada del regidor Hernando de Avalos y el obispo de Zamora don Antonio de Acuña, y seguida del pueblo que iba silencioso y triste.

Pocos dias despues llegaron á Toledo los Aguirres, y la viuda de Padilla mandó que inmediatamente subiesen al alcázar.

Los Aguirres se apresuraron á obedecer esta órden; pero no bien traspasaron las puertas de la fortaleza, fueron asesinados á estocadas y arrojados sus cadáveres del muro abajo. El populacho se apo-

deró de los cadáveres y los bajó arrastrando á la
vega para quemarlos y aventar sus cenizas.

Mientras el pueblo encendia la hoguera y se ce-
baba en los destrozados restos de los dos vizcainos,
asomó por allí, precedida de la cruz y alumbrada
con cirios, la cofradía de la Caridad, con ánimo de
estorbar aquel desacato y dar á los infelices hermanos cristiana sepultura; pero el populacho emprendió á pedradas con los cofrades que, espantados y
en desórden, se salvaron de sus feroces perseguidores
por las puertas de Visagra y el Cambron.

Doña María Pacheco abandonó algunas semanas
despues la ciudad y esta se rindió por completo mientras aquella heroíca y desventurada mujer se refu-
giaba en Portugal.

III.

· He referido lisa y llanamente sin separarme del
relato de Alcocer, la comision y la muerte que Toledo dió á los dos hermanos vizcainos. Vizcainos
llaman los historiadores á los desventurados Aguirres de Toledo, pero ignoro si eran naturales del Señorío de Vizcaya ó de alguna de las dos provincias
hermanas, porque en todo el país vascongado abun-

dan los del apellido Aguirre, y ha sido y es hoy
comun llamar vizcainos á todos los vascongados.
Fuesen de donde fuesen, cumplo con un sagrado
deber tratando de vindicar su memoria tan indigna-
mente ultrajada: eran españoles, y el autor de este
libro lo es tambien.

Veamos ahora si ha habido razon para que Pedro
de Alcocer y los que posteriormente han historiado
la guerra de las Comunidades hasta nuestro contem-
poráneo el Sr. Ferrer del Rio hayan venido exe-
crando la memoria de los Aguirres, atribuyendo á
estos un delito que de ser cierto mereceria. eterna
execracion.

Asombra la ligereza y falta de criterio con que
Alcocer dió como cierta la infidelidad de los Aguirres; pero asombra aún más la ligereza y falta de criterio de los que han admitido sin correctivo el relato del escritor toledano. Al fin Alcocer tenia cierto
interés en justificar un gran crimen cometido por su
pueblo; al fin Alcocer formaba parte y debió participar del ciego error del pueblo que asesinó á los
Aguirres; al fin Alcocer era naturalmente crédulo
y ligero en sus juicios, como lo prueba el que mo-
tivó las reclamaciones de Guipúzcoa; pero ¿cómo
sus sucesores, en quienes no mediaban estas circunstancias, y singularmente el Sr. Ferrer del Rio,
historiador ilustrado, grave y concienzudo, no se han

parado un momento á pensar que eran absurdas las
acusaciones que costaron la vida y la honra á los
Aguirres de Toledo?

Y ciertamente no se necesitan profundos razona-
mientos para demostrar la inocencia de nuestros
desventurados compatriotas. El razonamiento que
debió hacer el pueblo de Toledo, y ya que él no le
hizo, debieron hacerle los historiadores, es el sencillísimo que yo voy á hacer.

Los hermanos Aguirre eran adictos á las Comunidades, eran ricos y eran honrados. Si Alcocer no
dijera que eran honrados, lo diria la circunstancia
de haberlos elegido Toledo para confiarles su último
tesoro, del cual pendia quizás el triunfo ó el abati-
miento de la causa á que Toledo lo habia sacrificado
todo.

Ansiosos los Aguirres de corresponder á la confianza con que su ciudad los habia honrado, y co-
nociendo cuánto interesaba á los comuneros que
Padilla recibiese los auxilios que Toledo le enviaba,
llegaron á tierra de Valladolid, pero las tropas imperiales cercaban por todas partes á las populares,
acorralados en Torrelobaton. Entonces los Aguirres
se detuvieron, seguros de caer en poder de los enemigos si seguian adelante; se detuvieron esperando
mejor ocasion para continuar su camino, y pensando
que si era un mal para su honra y la causa de las

Comunidades el que se vieran obligados á volver á
Toledo sin haber podido cumplir su comision, mal
mucho más grande se hacian á sí propios y á la Comunidad exponiéndose á caer en manos de los imperiales á quienes hubieran venido de perilla los cinco
mil ducados, pues se veian casi tan faltos de dinero
como los populares.

Naturalmente debió ocurrir á los Aguirres que si
los imperiales se apoderaban de los cinco mil ducados que llevaban á Padilla, no faltaria quien, á pesar
de su honradez, los acusase de traidores, suponiendo
que habian ido á entregar á los imperiales los recursos destinados á los comúneros; pero ¿cómo pudo
ocurrírseles que si se veian precisados á volver á
Toledo á devolver á la ciudad los intereses que esta
les habia confiado y á dar cuenta de la inutilidad
de sus esfuerzos para llegar hasta Padilla, se los
habia de asesinar ántes de oirlos, suponiéndoles la
infame codicia que absurdamente se les supuso?

Mientras esperaban los Aguirres ocasion de avanzar hácia Torrelobaton sin comprometer el tesoro
que se les habia confiado, ocurrió el desastre de Villalar, y entónces emprendieron la vuelta á Toledo.
Urgíales volver pronto, porque si retardaban un poco
la vuelta, la viuda de Padilla y los notables de la Comunidad habrian huido á su llegada, y ya no podrian
dar lealmente cuenta del mal éxito de su viaje y del

dinero que se les habia entregado. Si hubiesen tratado de apropiarse los cinco mil ducados, hubiéranse estado en Castilla hasta que los comuneros huyesen de Toledo, cosa que estaba á punto de suceder, y no hubieran ido cuando aún estaban allí y les habian de pedir cuentas doña María Pacheco y el regidor Hernando de Avalos, que eran quienes habian reunido y confiádoles los cinco mil ducados.

Entraron los Aguirres en Toledo despues de arrostrar grandes dificultades y peligros en su viaje, y cuando se disponian á presentarse á sus comitentes para darles cuenta de su comision, fueron inhumanamente asesinados sin dar el pueblo oidos más que á la bárbara lógica que le caracteriza en sus grandes perturbaciones.

Este es el razonamiento con que se debe juzgar á los Aguirres de Toledo.

El Sr. Ferrer del Rio condena el proceder de los toledanos; pero valiéndose del absurdo criterio de Alcocer, en vez de valerse del suyo propio, cuya rectitud confieso y reconozco, arroja tambien su puñado de lodo al infamado sepulcro de los Aguirres, diciendo que es cierto se habian estos portado ruinmente reteniendo los auxilios pecuniarios que enviaba á su caudillo la ciudad de Toledo y embolsándoselos despues de la derrota y muerte de Padilla.

No, no hay razon para seguir infamando la memoria de los Aguirres de Toledo. La hay, por el contrario, para que al terminar este *capítulo* diga su autor á los mil y mil compatriotas suyos que. llevan el apellido de Aguirre:—Llevad con orgullo ese ilustre apellido que brilla inmaculado en la historia vascongada. Lejos de ser para vosotros padron de ignominia la conducta de los Aguirres de Toledo, es un título de gloria para vosotros y el solar vascongado.

LOS MURRIETAS.

I.

Hay un nombre que suena entre bendiciones al oído del viajero que recorre el Señorío de Vizcaya. El viajero que recorre el hermoso valle del Ibaizabal álza la vista á una colina que señorea el rio, en la llanura de Abando, y al ver en aquella colina un soberbio palacio, aún no acabado de construir, pregunta cuál es el objeto de aquel palacio y quién le costea, y su *cicerone* le contesta:

—Ese palacio está destinado á los pobres ancianos y desvalidos del Señorío, y le costea el Señorío con sus propios recursos, con los que generosamente le proporciona el rico y noble lequeitiano Sr. Uribarren,

22

y con cerca de medio millon de reales que para tan
santo objeto le han donado los Murrietas.

Sigue el viajero la orilla izquierda del Ibaizabal,
y al llegar á Santurce ve una escuela de náutica y un
colegio de niñas huérfanas, ambos establecimientos
instalados en hermosos edificios construidos expro-
feso, y cuando pregunta á su *cicerone* quién ha fundado y dotado de cuantiosas rentas aquellos benéfi-
cos establecimientos, su *cicerone* pronuncia el nombre
de Murrieta.

Oye el viajero que se va á construir en Santurce
una dársena que contenga la furia del Océano y ve
una hermosa carretera que enlaza á Santurce y Portugalete, y cuando pregunta cómo aquella aldea
habitada por pobres pescadores y labradores de
escasísima fortuna ha podido subvenir á los gastos
que ha originado la carretera y podrá subvenir á los
que origine la dársena, el *cicerone* pronuncia tambien el nombre de Murrieta.

Deja el viajero la costa y llega al concejo de Sopuerta, y allí oye igualmente el nombre de Murrieta
cuando pregunta quién ha fundado el colegio de niñas que ocupa parte de la casa consistorial, y quién
ha costeado esta hermosa casa.

Y en otras cien partes el nombre de Murrieta
vuelve á sonar en su oido siempre rodeado de bendiciones, y entónces preguntará á su *cicerone*:

—Quién era ese Murrieta que tan santo uso ha hecho de sus riquezas?

El *cicerone* sólo sabe contestarle:

—Era un caballero muy bueno. Pero yo, que puedo decirle algo más que el *cicerone*, voy á decírselo, porque la memoria de los nobles patricios y los grandes bienhechores de los pueblos debe conservarse en los libros aunque los libros sean tan humildes como este.

II.

Un pobre niño encartado, abandonó á principios de este siglo los hermosos y honrados valles nativos para probar fortuna en América. Muchos años luchó con la suerte contraria, pero al fin la venció y se encontró dueño de grandes riquezas. Cuando veia próximo á realizarse el dulce sueño de toda su vida, que era vivir y morir en la patria amado y bendecido de todos, le sorprendió la muerte en tierra extranjera.

Uno de sus compatriotas, D. Cristóbal de Murrieta, natural de Santurce, estaba entónces á su lado y era el depositario de sus más íntimos pensamientos, de su más ilimitada confianza y de su más acendrado cariño. Aunque llevaba su apellido, no era paciente cercano suyo, pero las almas de ambos encartados eran hermanas. No sé cuales fueron las últimas confidencias, los últimos encargos que el moribundo hizo á su compatriota y amigo, pero sí que el hijo de Santurce fué el único á quien el hijo de Sopuerta dejó el encargo de cumplir su voluntad y disponer de sus riquezas.

Hace bien el pueblo vizcaino en confundir en sus bendiciones á los dos Murrietas como se confunden sus apellidos, porque si el labrador debe bendecir á Dios que ha hecho descender el agua del cielo, tambien debe bendecir á aquel que brotando un manantial en su heredad y no vedándole más ley que la de su conciencia emplearle exclusivamente en el riego de sus campos, renuncia á sus beneficios y le encamina á los campos de su vecino para que los fertilice y consuele.

Hace bien, sí, nuestro pueblo en confundir en sus bendiciones á los dos Murrietas, aunque así mortifique la conciencia y la modestia del Murrieta vivo, que pone siempre especial cuidado en atribuir al Murrieta muerto participacion en los beneficios que derrama su mano! (1)

---

(1) La fórmula que el Sr. D. Cristóbal de Murrieta usa al hacer los donativos, es: «por mí y por la testamentaria de don Francisco Luciano de Murrieta.» Esta fórmula, usada por persona de conciencia tan recta y honrada, prueba que la fortuna particular del testamentario se auna con la del testador para hacer el bien que Vizcaya agradece y bendice.

III.

En el centro del hermoso concejo de Sopuerta, antigua cabeza foral de las Encartaciones de Vizcaya, pues en su jurisdiccion existe aún el árbol de Avellaneda, á cuya sombra se celebraban las juntas encartadas; en el centro del concejo, en un hermoso campo refrescado por las cristalinas ondas del rio y sombreado por frondosos nogales, hay una ermita consagrada al santo peregrino de Montpellier. En tiempos antiguos, ántes que se construyese aquella ermita, existia allí un hospital; pobre y humilde sí, pero que servia de gran consuelo á los pobres de la aldea, que cuando enfermaban encontraban en él un lecho donde recobrar su salud ó entregarse al sueño eterno consolados y tranquilos; pero vinieron guerras y hambres y calamidades de toda especie, y el hospital se convirtió en ruinas, y ya sólo las tradiciones de la aldea conservan la memoria de él y cuentan que era costumbre de los pobres que recobraban la salud en aquel santo asilo, ir, al salir del hospital, á dar gracias al Señor en el campo del Crucifijo.

El barrio que lleva este nombre está situado á mil pasos de las ruinas del antiguo hospital, y allí ha

existido casi hasta nuestros tiempos una cruz á cuyo
pié se arrodillaban en lo antiguo los agradecidos
convalecientes cuando abandonaban el lecho de la
caridad y el dolor, y posteriormente nuestros piadosos abuelos, cuando, ántes de asomar el sol por
los picos de Urállaga, iban á regar los campos con
el sudor de su frente y, cuando despues de ocultarse
el sol tras los picos de Olabarrieta, tornaban á sus
hogares con el cansancio en el cuerpo y la paz en
el alma.

A veinte pasos de la antigua cruz, hay una modes-
tisima casa que dentro de poco tiempo se arruinará
por completo, pues desmoronada su pared anterior,
penetran por allí la lluvia y el viento como mur-
murando de la soledad y desamparo que en el edificio reinan.

No estaba así aquella pobre casa cuando yo iba á
la escuela establecida en la inmediata casa solariega
de los Torres. Aún me parece ver en un balconcito
de madera que aún subsiste en la fachada principal
de la casa ruinosa y desamparada á una venerable
anciana, que no pudiendo ya bajar la escalera para
dar limosna á los pobres, se la daba desde aquel balconcito donde recibia las bendiciones de los socorri-
dos á quienes con lágrimas en los ojos encargaba rogasen á Dios por un hijo que tenia ausente hacia
muchos años.

La casa triste y ruinosa y desamparada es la en que nació D. Francisco Luciano de Murrieta. El hijo por quien la anciana lloraba pidiendo á los pobres que rogasen á Dios por su vuelta al hogar de sus padres, se llamaba tambien D. Francisco Luciano de Murrieta.

IV.

A trescientos pasos del Crucifijo se alza una hermosa iglesia dedicada á la Asuncion de la Vírgen María, y donde en mi niñez ví muchas veces á la anciana del balconcito de madera arrodillada junto al altar de la Vírgen, y sin duda rogando por el hijo ausente.

En aquella iglesia que cada vez está más embellecida por la fe y la generosidad de los hijos y moradores de la aldea, donde si muchas cosas han cambiado desde mi infancia, la fe y las buenas costumbres permanecen santamente inmutables, en aquella iglesia he visto dos libros, uno consagrado á los que nacen y otro consagrado á los que mueren. En el último se lee que bajo las losas de aquel templo duermen el sueño eterno D. Vicente de Murrieta y doña Agustina de Ortiz, y del primero he copiado lo que sigue:

«En siete dias del mes de Enero de mil setecien-
tos noventa y cuatro, certifico yo fray José de Muguira, religioso de la Merced Calzada y actual sir-
viente en este concejo de Sopuerta, que en Nuestra
Señora de Mercadillo de él bauticé solemnemente y
di los Santos Oleos á dos niños que segun la decla-
racion de la comadre nacieron á las cuatro de la mañana de este mismo dia; púseles por nombre Luciano
Mateo y Francisco Luciano; hijos legítimos de don
Vicente de Murrieta y de doña Agustina de Ortiz;
abuelos paternos D. Tomás de Murrieta y doña Fran-
cisca de Allende, vecinos del valle de Somorrostro;
maternos D. Joaquin de Ortiz y doña Teresa de Ta-
lledo; fueron sus padrinos D. Mateo de Ortiz y doña
Agustina de Murrieta, la que tuvo á los recien bau-
tizados en el acto del Sacramento; advertíles el pa-
rentesco espiritual que contrajeron ellos y sus padres
y la obligacion de enseñarles la doctrina cristiana, y
demás que previene el ritual romano; fueron testigos
D. Fernando y D. Victor de Espina, vecinos y naturales uno y otro de recordados Sopuerta y Somorrostro. Y para que conste lo firmo con uno de dichos
testigos, *fecha ut supra.*—Fr. José de Muguira.—
Victor Ramon de Espina.

Todavía hay en la aldea muchos ancianos que recuerdan haberse entregado á los juegos de la infancia
bajo los fresnos que daban sombra á la iglesia de

Nuestra Señora, con Francisco Luciano, uno de los
niños á quienes se refiere la anterior partida de
bautismo, y todavia existe junto á la iglesia, y por
cierto tambien triste y ruinosa y desamparada como
la del Crucifijo, una casita donde recuerdan aquellos
mismos ancianos haber asistido con Francisco Luciano de Murrieta á la escuela que tenia allí un tal
Tellitu, célebre por la ferocidad con que castigaba á
sus discípulos.

La casita de junto á la iglesia merece la ruina y
el desamparo en que se ve, y áun debiera purificarla
el fuego de las inocentes lágrimas y la sangre que
allí han hecho derramar varias generaciones de
maestros, que como Tellitu, tuvieron por axioma
incontrovertible la bárbara máxima de que la letra
con sangre entra; pero la pobre casita del Crucifijo
donde sólo se han derramado lágrimas de amor y
oraciones por el hijo ausente, ¿por qué ha de permanecer desamparada y triste?

V.

Yo no conozco al leal amigo y religioso cumplidor
de la voluntad de D. Francisco Luciano de Murrieta;
yo no le conozco más que por la voz del pueblo que

le proclama hombre de conciencia recta, de corazon
generoso y de inteligencia clara; pero áun asi me
atrevo á decirle:

—Oh, señor, si quereis que desde el cielo os dirija
una nueva y dulce sonrisa de gratitud y amor vuestro noble compañero y amigo, poned término á la
soledad y el desamparo de la pobre casa donde vino
al mundo Francisco Luciano y donde su santa madre oró y lloró por él! Convertid aquellas desoladas
ruinas en el asilo del desamparo y el dolor restable-
ciendo en ellas el humilde hospital de los nocedales
de San Roque. Así habrán fructificado en la tierra
como en el cielo las lágrimas de gratitud que en los
tiempos antiguos derramaron en el campo del Crucifijo los pobres á quienes Dios habia devuelto la
salud. Así tendrán un lecho donde exhalar el último
suspiro los ancianos que acompañaron á Francisco
Luciano en los juegos de la infancia. Así en el valle
natal de Francisco Luciano será bendecido el nombre
de Murrieta por las ancianas que terminan la jornada de la vida como lo es por las niñas que la comienzan. Así el autor de este libro, cuando torne á
imprimirle, añadirá á estos renglones algunos renglones más para unir su voz al coro de bendiciones
que en vuestra alabanza y la de vuestro difunto amigo
resonará en su pobre y honrada aldea !

CANTARES VASCONGADOS.

Vagando por los valles y las montañas vasconga-das me he convencido de que este pueblo singular posee un verdadero tesoro de poesía bajo la humilde forma de *cantas* ó cantares de corto número de versos; á cuya composicion se presta mucho más el idioma euscalduna que el castellano, como que es muy comun aquí ver dos improvisadores cuyas manos están encallecidas por la laya y la azada, pasarse horas enteras dialogando en versos, si no llenos de floreos literarios, al ménos llenos de gracia y espon-taneidad. Es lástima verdaderamente que personas de buen gusto literario é inteligentes en los idiomas vascongado y castellano, no se dediquen á recoger y coleccionar estos hermosos cantares populares cuya utilidad seria mucho mayor si se vertiesen bien al castellano, operacion cuya dificultad he podido apreciar por mí mismo ensayándome en los pocos que voy á dar á luz.

Si Dios me da vida y paciencia para estudiar á fondo el vascuence, no serán estos cantares vascongados los únicos que yo recoja y ponga en castellano, porque mi ánimo es, si no coleccionar y traducir los muchos millares de ellos que he oido cantar y recitar, siquiera reunir en un tomito los más notables. Entre los que tengo recogidos los hay mejores que la mayor parte de los que doy á continuacion, pero ¿y la traduccion? Ahí está el cuento, porque cuanto mejores son, más descontentadizo soy al tratar de ponerlos en castellano.

Basta de prólogo para tan ruin obra, y concluyo este libro con tonadilla como los sainetes de don Ramon de la Cruz.

I.

El dia que nos casamos
nunca puede ser buen dia,
y es porque los dias buenos
se acaban siempre la víspera.

II.

Por tener quien le despierte
se ha casado Saturnino,
y su mujer le despierta
á patadas y pellizcos.

III.

Los esperanzas del mundo
son una fruta muy linda
que tiene la mitad sana
y la otra mitad podrida.

IV.

Diez gallinas con un gallo
están siempre muy conformes,
y casi nunca lo está
una mujer con un hombre.

V.

Madre, quiero que me cases
en los montes de Vizcaya,
que en los montes está el cielo
más cerca que en tierra llana.

VI.

Al criado que bien te sirve
nunca le mires con ceño
que aunque no le debas nada
siempre le estarás debiendo.

VII.

Es menester que te guardes
lo mismo que de la peste,
de hombre que no tiene barbas
y de mujer que las tiene.

VIII.

Si quieres que yo te quiera,
has de ser como Vizcaya
que ni romanos ni moros
consiguieron conquistarla.

IX.

Una heredad en un bosque,
y una casa en la heredad,
y en la casa pan y amor,
¡Jesus, qué felicidad!

X.

Un dia te dí cantares
porque supieses mi amor,
y hoy te daré padre-nuestros
porque te perdone Dios.

XI.

Limosneros como Juancho
muy pocos se suelen ver,
que de los cerdos que roba
les da á los pobres los piés.

XII.

Hijo, por Dios, no te cases
con doncella que bien baila.
Quien tiene los piés ligeros
tiene las manos pesadas.

XIII.

A la virgen de Begoña
diera mis trenzas de pelo,
si no porque me hacen falta
para atar á un marinero.

XIV.

Con carne matada hoy,
y pan amasado ayer,
y vino encubado antaño,
ayunó Matusalem.

XV.

. Nuestra Señora de Arrate
ha subido á la montaña
para bendecir mejor
á Guipúzcoa y á Vizcaya (1).

XVI.

Coloradas se pusieron
las piedras de Arrigorriaga
¡y las muchachas del dia
no se ponen coloradas !! (2)

---

(1) Nuestra Señora de Arrate es un célebre santuario situado cerca de Eibar en una alta montaña que sirve de divisoria á Guipúzcoa y Vizcaya.

(2) Arrigorriaga, nombre de una anteiglesia de las cercanías de Bilbao: equivale á Pedregal colorado ó rojo. La tradicion cuenta que aquel sitio se llamaba antiguamente Padura, y tomó el nombre que hoy tiene á consecuencia de haberse teñido de sangre el valle y las montañas en una batalla que se dió allí hácia el siglo IX, en la que los vizcainos, acaudillados por su señor Jaun Zuria, vencieron á los leoneses, á quienes persiguieron hasta el árbol Malato que estaba en Luyando. El caudillo de los leoneses era el príncipe D. Ordoño, que se dice murió en la batalla, y fué sepultado en un sepulcro de piedra que subsiste aún en el pórtico de la iglesia de Arrigorriaga.

XVII.

Los huéspedes y el pescado
apestan á los tres dias,
y entónces hay que ponerles
en la calle de patitas.

XVIII.

Siete años estuvo el diablo
cursando en Bilbao vascuence,
y sólo aprendió á nombrar
vino, tabaco y mujeres.

XIX.

Para sardinas, Bermeo,
para guindas, Baracaldo,
para chacolí, Santurce,
y para naranjas, Báquio.

XX.

El que no sepa rezar
que vaya por esos montes,
y verá qué pronto aprende
sin enseñárselo nadie.

FIN.

ÍNDICE.

CPSIA information can be obtained
at www.ICGtesting.com
Printed in the USA
BVHW030843110121
597540BV00005B/18

9 781168 235299